# LETTRES

SUR

LA PROCÉDURE CRIMINELLE

*DE LA FRANCE.*

Par Dupaty.

(Par Dupaty d'après Barbier)

# LETTRES

SUR

## LA PROCÉDURE CRIMINELLE

## DE LA FRANCE.

Dans lesquelles on montre sa conformité avec celle de l'inquisition, & les abus qui en résultent.

---

Multa perniciosa, multa pestifera sciscuntur in populis, quæ non legis nomen attingunt.... Neque in populo lex cuicuimodi fuerit illa, etiamsi perniciosum aliquid populus acceperit. *Cicer. de Leg. Lib.* 2.

---

EN FRANCE,

M. DCC. LXXXVIII.

## *AVERTISSEMENT.*

CEs lettres furent écrites pendant la tenue de l'aſſemblée des Notables, qu'on croyoit devoir s'occuper des matières de légiſlation. Bien des obſtacles en ont retardé la publication, entr'autres la retraite dans laquelle l'Auteur vit, & qui le tient éloigné du centre de toute littérature. Il fut d'abord réduit à s'adreſſer aux imprimeurs d'une ville, qui, quoique ſituée au centre de la France, eſt ſujette à la juſtice de l'inquiſition. Un des inſpecteurs de la librairie, à qui ſon ouvrage fut remis pour l'examiner, lui obſerva qu'il lui étoit libre de relever les inconvéniens de la procédure françoiſe, s'il y en avoit; *mais qu'il devoit laiſſer en paix l'inquiſition, dont il n'étoit pas néceſſaire que les loix fuſſent connues en France.* On eut en conſéquence la politeſſe de barrer dans ſon manuſcrit tous les paſſages où il étoit queſtion de l'inquiſition. L'intention de l'Auteur n'étoit cependant point de troubler le repos de l'inquiſition, qui ne trouble ſans doute celui de perſonne; encore moins d'en faire connoître les loix à ce nombre infini de gens éclairés que la France renferme, & qui les connoiſſent tout auſſi bien que lui. Son unique but étoit de hâter une réformation de la juſtice criminelle qu'il croit indiſpenſable, en montrant l'exacte conformité des principes ſuivis actuellement en France dans cette importante matière, avec ceux d'un tribunal dont le nom ſeul doit exciter l'horreur de tout bon François, & dont les loix ſont faites, comme l'a dit Monteſquieu, pour flétrir & prouver la barbarie du ſiècle & de la nation qui les ont adoptées, ou qui les conſervent. Il expoſe encore dans cette correſpondance les réflexions qu'une étude longue & ſérieuſe de nos loix, jointe aux obſervations de la pratique, lui a ſuggérées. Il s'eſt principalement attaché à refuter l'apologie de notre procédure criminelle, qu'a publiée tout récemment un magiſtrat célèbre (1) ſi, comme il oſe s'en flatter, il a détruit cette apologie de fond en comble, on peut regarder la cauſe comme déſeſpérée. Qui oſeroit entrer en lice après un tel champion! Si au contraire il s'eſt trompé, il eſpère que ſes erreurs ne lui ſeront point imputées à crime, & qu'on verra dans ſon ouvrage les ſentimens d'un bon citoyen, qui aime ſon roi, ſa patrie, & dont le plus ardent des vœux eſt le bonheur de ceux qui l'habitent.

---

(1) M. l'Avocat Général S.. dans ſon requiſitoire contre le mémoire juſtificatif des trois accuſés de Chaumont.

# LETTRES

SUR

# LES LOIX CRIMINELLES DE LA FRANCE.

## PREMIERE LETTRE.

*Sur l'origine de la procédure criminelle françoiſe, & ſur ſa conformité avec celle de l'inquiſition.*

C'Est à préſent, me dites-vous, Monſieur, le tems des grandes diſcuſſions. Mais vous laiſſez à ceux qui ſont initiés dans les myſtères de la finance le ſoin d'agiter les queſtions qui la concernent. D'ailleurs, ſi votre fortune vous eſt chère, votre liberté, votre honneur, votre vie vous le sont encore davantage, & vous ne savez quel sacrifice vous seriez prêt à faire sur la première, pour avoir une pleine & entière sûreté sur les seconds. L'étendue des impôts, ajoutez-vous, est presque par-tout en raison de celle de la liberté. Serions-nous les seuls chez qui cette compensation équitable n'existât pas? Des loix dûres & tyranniques se joindroient-elles à des impôts excessifs, accablans, pour nous opprimer comme de concert? Vous ne savez que croire des jugemens opposés qu'on porte là-dessus. De grandes autorités vous entraînent des deux côtés : il vous tarde donc d'être éclairci de vos doutes; de connoître l'origine de nos loix criminelles; de savoir, s'il est possible, comme tant de gens le publient, que la nation la plus polie de l'Europe, celle dont les mœurs sont les plus douces et les plus sociables, n'ait encore que des loix qui, formant avec son caractère & ses lumières le contraste le plus frappant, seroient bien plutôt dignes d'un peuple plongé dans le dernier degré de l'ignorance & de la barbarie.

Mais en m'invitant à vous communiquer mes réflexions sur cet important sujet, vous avez ſoin de m'avertir que vous ne croyez point qu'une loi ſoit juſte par cela ſeul qu'elle eſt loi, & qu'elle a un ou deux ſiècles d'exiſtence. Vous penſez avec raiſon, qu'en admettant de pareilles maximes, on ne trouveroit plus rien d'injuſte dans le monde; qu'on viendroit à bout de juſtifier le taureau de Phalaris, les proſcriptions de Sylla & des triumvirs, & les buchers de l'inquiſition : car dès que ces atrocités auroient été ordonnées par une loi publiée avec les formes ordinaires, qu'auroient à dire ceux qu'on enfermeroit dans le taureau, qu'on égorgeroit ou qu'on brûleroit publiquement ? Si des loix ſont juſtes, parce qu'elles exiſtent, qu'ont à faire tous les rois de l'Europe de s'appliquer à corriger l'adminiſtration de leurs états, à améliorer le ſort de leurs ſujets ? Ils n'ont qu'à ſuivre la route qui leur a été tracée par ceux qui les ont dévancés. Pourquoi notre Monarque a-t-il raſſemblé l'élite de la nation ? En quoi pouvoit-il avoir beſoin de ſes lumières ? Cette réunion de tant de perſonnages illuſtres, éclairés, vertueux ; ce concert inconnu juſques à préſent entre tous les ordres de l'Etat ; cet oubli de tous les intérêts particuliers, pour ne s'occuper que du bien général ; tout cela ne ſera donc qu'une eſpèce de conſpiration contre le bon ordre, c'eſt-à-dire, contre les loix établies?

Vos réflexions ſont très-juſtes en général, & particulièrement quant à nos loix criminelles. Il s'en faut tellement que, de ce qu'elles exiſtent, on doive en conclure qu'elles ſont bonnes, qu'on ſeroit preſque fondé à tirer la conſéquence contraire. Jamais aucun peuple, excepté ceux qui ont le malheur de vivre ſous le joug infâme & odieux de l'inquiſition, n'a eu des loix auſſi dures & auſſi tyranniques que les nôtres. Elles ſont plutôt faites pour être la terreur des gens de bien que celle des méchans. Il faudra bien que vous en conveniez dans la suite. Vous verrez que je n'exagère rien. Ce ſeroit la plus grande des mal-adreſſes, que de calomnier les inſtitutions vicieuſes que l'on attaque.

Quelqu'un me dira peut-être que cela étant ainſi, il ſeroit dangereux et même inhumain de faire connoître au public l'imperfection des loix qui diſpoſent de tout ce qu'il a de plus cher; que c'eſt un mal irrémédiable; qu'il y a des inconvéniens de tous les côtés; & qu'à tout bien prendre, il vaut mieux s'en tenir aux loix que nous avons, que d'en adopter de nouvelles dont les inconvéniens ne nous sont pas connus. Ma réponse à cela seroit aisée. Il est faux que les maux de cette espèce soient sans remède; l'expérience de l'Europe presque entière prouve bien le contraire. Quelles que soient les loix que nous pourrions adopter, je doute qu'on en trouve d'aussi dangereuses que les nôtres. Quant à l'ignorance du public sur cette matière, je conviens qu'il faudroit la laisser subsister, si l'on pouvoit se flatter que l'illusion durât plus long-tems; mais outre que cette ignorance n'est pas aussi générale qu'on le suppose; les lumières qui se répandent journellement éclairent les citoyens sur toutes les parties de l'administration. "Il est devenu difficile, dit un grand & vertueux administrateur, de tromper long-tems les hommes dans toutes les dispositions publiques où leur fortune est intéressée; & si c'est une grande faute du cœur que de le vouloir, c'est aussi une grande erreur de l'esprit, que d'y prétendre (1)". S'il est

---

(1) De *l'Administration des Finances de la France.* Tom. 3. ch. 26.

difficile d'en impoſer aux hommes ſur tout ce qui peut toucher à leur fortune, il le doit être bien davantage ſur ce qui concerne leur honneur, leur liberté ou leur exiſtence. Auſſi tous les myſtères politiques vont bientôt être dévoilés. On verra ſe former en France cet eſprit public qui eſt l'avant-coureur comme le ſoutien des bonnes inſtitutions, mais qu'on n'y avoit pas connu juſques à préſent.

Ce ſera même là un des événemens les plus remarquables du règne de Louis XVI, & qui fera époque dans notre hiſtoire. Le caractère confiant de notre Monarque, qui, dédaignant les principes d'une politique timide & ombrageuſe, veut bien non-ſeulement conférer avec ſon peuple ſur tout ce qui touche à ſes intérêts, mais l'invite encore à l'éclairer de ſes réflexions & de ſes lumiéres, n'a pas peu contribué à faire naître ou à fortifier cet eſprit ſalutaire. Sous un tel roi les diſcuſſions ſur les diverſes parties de l'adminiſtration publique ne ſauroient être un crime. Elles n'en furent jamais un ſous des gouvernemens juſtes, éclairés, ou ce qui revient preſqu'au même, qui reconnoiſſent le beſoin de l'être. Quand Iſocrate à Athènes déploroit amèrement la décadence de l'aréopage ; quand Platon censuroit les loix de son tems, & proposoit aux Grecs ses projets de réforme ; quand dans l'ancienne Rome Cicéron tonnoit contre l'ignorance des magistrats, la confusion, le désordre des loix ; ni Isocrate, ni Platon, ni Cicéron ne furent pas persécutés pour avoir eu cette sage hardiesse. La postérité, écho en cela de leurs contemporains, les a mis au rang des bons citoyens comme à celui des philosophes illustres.

Ces grands hommes étoient loin de penser qu'une loi fût juste par cela seul qu'elle étoit loi. "Il est constant, dit Cicéron, que les loix ont été établies pour la sûreté des citoyens & de la société ; pour rendre la vie d'un chacun heureuse & tranquille, en suivant les règles que leurs auteurs ont prescrites. Ce sont les règles devenues sacrées par l'acceptation des peuples qu'on a nommées loix ; d'où l'on peut conclure, ajoute-t-il, que ceux qui ont prescrit des règles injustes & pernicieuses ont fait le contraire de ce qu'ils ont promis : ce ne sont pas des loix qu'on puisse appeler justes & équitables. On en trouve en effet dans les codes de quelques peuples de si injustes, de si pestilentielles, qu'elles ne méritent pas plus le nom de loix que celles que les brigands auroient établies par un consentement unanime (1)".

Une erreur des plus grandes encore en législation, celle dont les conséquences ont été le plus pernicieuses, par la funeste indolence où elle a laissé la plupart des faiseurs des loix, est d'avoir cru que les dispositions en étoient à-peu-près indifférentes, & qu'elles étoient l'ouvrage de la volonté arbitraire de l'homme. La vraie loi, cependant, la seule qui mérite ce nom imposant, est celle qui est un écoulement nécessaire de la première, de la plus ancienne, du germe de toutes les bonnes loix, de la loi naturelle. La vraie loi, en un mot, est celle qui assure à tous les membres de la société la jouissance constante & paisible des droits qu'ils tiennent d'elle ou de la nature, & qui veille ainsi à leur bonheur, qui ne peut consister que dans cette jouissance. Les loix doivent la mettre à couvert de toute atteinte, soit de la part d'autrui, soit de la part de ceux à qui leur exécution est confiée. Tout est perdu si la justice, qui doit être la protectrice de la liberté publique, de-

1) *Cicero de Legib. Lib.* 2.

vient le plus terrible inſtrument de l'oppreſſion. Il n'y a ſouvent pas deux voies pour parvenir à ce but unique de toutes les légiſlations ſages. Le grand art eſt de ſavoir prendre celle qui y mène le plus directement. Mais cet art a-t-il été connu de nos légiſlateurs ?

Pour montrer tous les vices de notre procédure criminelle, il ne faut qu'en montrer l'origine. Elle la tire, à la vérité, du droit romain; mais ce n'eſt pas du droit romain produit & entretenu par la liberté, c'eſt du droit romain corrompu & avili par le deſpotiſme. Chez les Romains libres la procédure criminelle ſe faiſoit publiquement, ſous les yeux de ceux qui avoient intérêt d'empêcher les prévarications. La ſurveillance publique étoit la ſauve-garde de la ſûreté des particuliers. Le plus parfait équilibre règnoit entre l'attaque & la défenſe; & s'il avoit fallu le détruire, les loix, qui préſumoient toujours l'innocence, auroient plutôt fait pencher la balance en faveur de l'accuſé qu'en celle de l'accuſateur. C'étoit d'ailleurs la forme de procéder de toute l'antiquité, de tout l'Orient, de la Grèce, d'Athènes ſur-tout, dont les loix étoient le fruit des réflexions de pluſieurs ſages. C'étoit encore celle des peuples du Nord, qui ont fondé la plupart des royaumes actuels de l'Europe.

Tibère fut le premier qui, chez les Romains, osa violer ces formes antiques & sacrées, qui étoient un frein incommode pour l'exercice de la tyrannie. Il eut recours à des formes secrettes, qui lui laissent une entière liberté, & la dispensent sur-tout de rougir. Tantôt ce tyran permettoit aux délateurs de porter leurs coups des ténèbres où ils s'enveloppoient; tantôt il prenoit lui-même secrettement des informations; sur lesquelles il forçoit ensuite le sénat de prononcer. Après lui, l'infâme Messaline poussa les choses jusques à interroger secrettement dans une chambre un illustre accusé qu'elle vouloit perdre (1). Dans ce tribunal secret & domestique, la tyrannie n'avoit d'autres bornes que celles qu'elle vouloit bien se donner elle-même.

Néron, en montant sur le trône, promit de l'abolir, & de ne plus permettre que la vie & l'honneur des citoyens dépendissent des caprices d'un petit nombre de

(1) *Tacit. annal. XI. 2.*

puiſſans (1). Mais Néron étoit fait pour établir cet uſage, s'il n'avoit pas exiſté avant lui. Il ſubſiſta donc toujours; mais pour les crimes de léze-majeſté ſeulement. La procédure demeura publique pour les autres accuſations.

Quelques-uns, à la vérité, attribuent l'établiſſement de l'audition ſecrette & ſéparée des témoins à une loi de l'empereur Zénon, qui eſt rapportée dans le code de Juſtinien (2). Mais c'eſt une erreur. Une autre loi poſtérieure de ce dernier empereur, qui veut que les témoins ſoient ouïs en préſence des parties, & qui déclare autrement leurs dépoſitions nulles, prouve qu'on a mal interprété celle de ſon code (3). Il n'y avoit aucune différence ſur cela entre la procédure civile & la procédure criminelle.

Les peuples du Nord, qui ſe partagèrent en Europe les débris de l'empire romain, ne touchèrent point aux loix des vaincus, qu'ils regardoient comme des loix d'eſclavage; mais ils conſervèrent les leurs, qui

---

(1) *Ibid. XIII.* 4.

(2) *Leg.* 14. *Cod. de teſtib.*

(3) *Novell.* 90. *Cap.* 9.

étoient à leurs yeux les loix de la liberté. Le combat judiciaire, ou les épreuves de l'eau bouillante ou du fer chaud, décidoient parmi eux du juste & de l'injuste, du crime & de l'innocence. Pendant plusieurs siècles l'Europe entière ne connut pas d'autres règles. Ce fut alors que les ecclésiastiques se formèrent des tribunaux, & posèrent les fondemens de cette puissance & de cette tyrannie qu'ils ont exercées pendant si long-tems avec tant d'audace. Elles étoient à leur comble, ainsi que la corruption, qui en étoit une suite inévitable dans le douzième siècle, lorsque tout-à-coup on vit s'exciter une fermentation générale, & de grandes réclamations s'élever contre leurs vices & leurs usurpations. L'accusation d'hérésie servit aux Romains modernes pour en arrêter les effets, comme celle de léze-majesté avoit servi aux tyrans de l'ancienne Rome pour étouffer les restes de la liberté expirante; &, soit que la forme de procéder dans de telles accusations se fût conservée, ou dans la pratique ou dans la mémoire des hommes, ou que la marche de la tyrannie soit uniforme dans tous les tems, la procédure devint secrette pour le crime d'hérésie, comme elle l'avoit été

pour

pour celle de lèze-majesté. Enfin l'inquisition fut établie.

Jusques-alors la publicité de la procédure s'étoit conservée, dans les tribunaux eccléfiastiques mêmes. C'est ce dont on peut se convaincre par la lecture des décrétales des papes, antérieures à cette époque. Dans le décret de Gratien on trouve un passage de St. Grégoire, où ce grand pape déclare privés de la communion de l'Eglise ceux qui intenteront des accusations secrettes. " Celui, dit-il, qui soutient la vérité, ne doit pas craindre de se montrer ouvertement, & de faire entendre tout haut son accusation (1) ".

Dans les autres collections on trouve d'abord une décrétale du pape Innocent III, qui défend d'ordonner ou de faire une information sur une dénonciation secrette (2). Un pape Grégoire veut que les témoins soient ouïs en la présence de la partie contre laquelle on les produit, conformément à la novelle, rappelée ci-devant, & qu'il cite (3). Une autre décrétale

(1) *Decret. Gratian. Cauf. V. q. 1. Cap. 2.*

(2) *Cap. 21. Extra de accuf.* Ce pape commença à régner en 1199.

(3) *Ibid. Cap. 3. de teftib.* La Glose sur ce chapitre

d'Innocent III nous atteste encore mieux quels étoient les usages de son tems relativement aux accusations. Tout le monde étoit admis à accuser, comme chez les anciens Romains. On pouvoit procéder ou par accusation, ou par dénonciation, ou par information. L'accusation étoit précédée de l'inscription, qui n'étoit vraisemblablement que la rédaction de l'accusation par écrit, suivie de quelques autres forma-

prétend que les témoins doivent jurer seulement en présence des parties, & être ensuite ouïs secrettement & séparément, comme nous le pratiquons encore en matière civile même; mais les Glossateurs interprêtoient la décrétale d'après les usages de leur tems, & contre la teneur de la novelle, qui y est rappelée. L'audition secrette & séparée des témoins se trouve si peu dans le texte des loix romaines, qu'on a été obligé d'aller la chercher dans la Bible. Cette forme de procéder est, suivant les Glossateurs, de droit divin, attendu que Daniel interrogea séparément les vieillards accusateurs de Susanne; mais il ne les interrogea pas secrettement, puisque ce fut en présence de tout le peuple. D'ailleurs c'étoient des accusateurs, & nous parlons de l'audition des témoins; ce qui est bien différent. *Voyez Gloss. in Cap.* 2. 52. *extr. de testib.* & *Cap.* 21. *de accusat.* Un autre dit que les témoins doivent être ouïs secrettement, parce que le pénitent est seul avec le prêtre, lorsqu'il se confesse. La moitié de l'Europe est encore gouvernée par des loix fondées sur de tels motifs.

lités, dont la plupart avoient pour objet d'assurer une réparation à l'accusé, en cas de calomnie. S'il étoit convaincu des faits dont il étoit chargé par l'accusation, il devoit être puni suivant la rigueur des loix.

La dénonciation n'étoit qu'un avertissement donné aux supérieurs, des excès auxquels se livroient ceux contre qui on la faisoit. Elle devoit être précédée d'un avertissement charitable; & ne pouvoit jamais aboutir qu'à une peine correctionnelle.

L'information avoit lieu lorsqu'on commençoit par faire entendre des témoins contre l'accusé. Mais il falloit que les crimes qu'on lui imputoit fussent notoires & publics; autrement l'information étoit rejetée (1).

Ces trois manières de procéder sont encore en usage à l'inquisition, comme chez nous. Mais ce que nous ne pratiquons plus ainsi qu'à l'inquisition, c'est que celui contre qui on formoit une accusation, ou contre lequel l'on demandoit l'information, devoit être appelé, afin qu'on exposât en sa présence les faits dont on le chargeoit, & qu'il eût le pouvoir de s'en justifier. Il

(1) *Cap. 24. extr. de accusat. & Cap. 31. de Simon.*

falloit non-seulement lui faire connoître le nom des témoins, mais encore la teneur de leurs dépositions. Il falloit admettre ses reproches, ses défenses, de peur de favoriser autrement le faux témoignage. Ce sont les expressions de la décrétale déjà citée (1). C'est-là la dernière loi juste du code ecclésiastique, qui fut assez raisonnable, *jusqu'à ce qu'il fût embrouillé des formalités de l'inquisition*, pour me servir des expressions de M. le premier président de Lamoignon. (2).

Alors tout change. L'instruction publique disparoît. La procédure des Tibère, des Messaline, des Néron, de tous les tyrans est rétablie ; ce sont les pontifes d'un Dieu de justice & de miséricorde, qui s'occupent à rédiger les loix de ce code infernal, que leurs premiers auteurs avoient rougi de publier & avoient laissées dans les ténèbres, d'où elles n'auroient jamais dû sortir. D'abord le pape Clément IV permet aux inquisiteurs d'entendre les témoins secrettement & séparément, en ayant seulement la précaution de se faire assister de deux

(1) *Dict. Cap.* 24.

(2) *Proc. verb. de l'ord. de 1670. pag.* 156.

personnes honnêtes & discretres (1). Le despotisme sacerdotal trembloit encore de confier cette fonction si délicate à un seul homme. Nous avons été plus courageux.

Enfin Boniface VIII fut celui qui mit la dernière main au code inquisitorial dans une décrétale, où, en expliquant & ajoutant à celles de ses prédécesseurs Innocent, Alexandre & Clément, il veut que les inquisiteurs puissent procéder simplement & *de plano*, sans le secours des avocats, & sans être assujettis aux formes ordinaires des jugemens. S'il y a du danger à faire connoître les noms des témoins à cause du crédit & de la puissance de ceux contre qui on les produit, on les cachera soigneusement, ou du moins on ne les dévoilera qu'à un petit nombre de personnes, auxquelles les inquisiteurs enjoindront le secret, sous peine d'excommunication. Mais le péril cessant, il faut publier les noms des accusateurs & des témoins. Le pontife charge la conscience des évêques & des inquisiteurs du soin de discerner, quand

(1) *Cap.* 11. *de Hæretic. in* 6o. Clément IV fut fait pape en 1265.

ce ſera le cas ou non de faire cette publication (1).

Cette décrétale de Boniface VIII contient le germe de toute la procédure de l'inquiſition. Les loix qu'on y a ajoutées dans la ſuite n'en ſont que le développement. Ces loix forment un code aſſez étendu, dont il parut un abrégé en 1762, ſous le titre de *manuel des inquiſiteurs* (2).

En parcourant ſeulement ce recueil on apperçoit une conformité ſingulière entre les maximes des inquiſiteurs & celle de nos criminaliſtes, une reſſemblance ſi frappante entre nos formes & les leurs, qu'on eſt bientôt forcé de convenir, que ce n'eſt ni une déclamation, ni une calomnie, quand on accuſe notre procédure d'être ſortie de cette ſource impure. Je vais, Monſieur, vous en préſenter ici un court parallèle. Il ſervira à juſtifier ce que je viens de dire, & à vous donner une idée générale de notre procédure criminelle.

Le ſecret eſt la baze de celle de l'inquiſition, comme il eſt celle de la nôtre. A

---

(2) *Cap. 20 de Hæretic. in 6o*, Boniface VIII fut élu en 1294.

(2) On l'attribue à M. l'abbé Morellet.

l'inquiſition on procéde tout uniment ſans les criailleries des avocats, & ſans tant de ſolemnités dans les jugemens. La procédure eſt la plus courte poſſible. On y inſtruit les cauſes les jours mêmes où les autres juges ſuſpendent leurs travaux. Tout appel qui ne ſert qu'à éloigner le jugement eſt rejeté. On ne refuſe ſeulement pas à l'accuſé les défenſes légitimes ( 1 ). C'eſt mot à mot notre forme de procéder, à l'exception néanmoins, que de ce que ſi l'on ſuivoit l'ordonnance à la, rigueur, l'accuſé chez nous n'auroit pas autant de moyens pour ſe défendre, qu'il en a à l'inquiſition. Cette défenſe eſt laiſſée *au devoir & à la religion des juges* (2).

On procédoit autrefois à l'inquiſition par accuſation, par dénonciation ou par information. L'accuſation aujourd'hui y a rarement lieu. L'inquiſiteur agit ſouvent *ex officio*, & la véritable partie des accuſés eſt un procureur du ſaint-office, appelé procureur-fiſcal, qui les pourſuit comme chargé du miniſtère public ( 3 ). La partie

---

( 1 ) *Manuel des Inquiſit. pag.* 1. 2.

( 2 ) *Ordonn.* 1670. *tit.* 14. *art.* 8.

( 3 ) *Manuel des inquiſit. pag.* 30.

civile plaignante ou accuſatrice ne peut demander chez nous, que les dommages & intérêts que le délit qu'elle défère à la juſtice lui a occaſionnés. Le véritable accuſateur eſt l'officier chargé du miniſtère public. Nous avons en outre des dénonciateurs qui font leurs dénonciations ſecrettement entre ſes mains comme à l'inquiſition, & dont il n'eſt obligé de révéler le nom, qu'en tant que leur accuſation eſt jugée calomnieuſe.

Les décrétales citées ci-deſſus obligeoient les inquiſiteurs d'appeler à l'examen des témoins deux perſonnes honnêtes & diſcrettes. Les loix modernes diſent une ou deux, au moins vers la fin de l'examen, ou même pendant tout le tems de l'examen, ſi faire ſe peut (1). Chez nous, c'eſt le juge ſeul avec ſon greffier qui entend les témoins ſecrettement & ſéparément. Juſques à l'ordonnance de 1670, il y avoit eu des adjoints aux informations qu'elle ſupprima (2). Non-ſeulement le juge inſtruit ſeul, mais il décrète ſeul. Seul il ordonne l'empriſonne-

(1) *Manuel des inquiſit. pag.* 39. 40.

(2) 1670, *tit. VI. art.* 8.

ment (1). Chez une nation qui paroît si délicate sur le point d'honneur, le plus petit bailli de village peut imprimer la flétrissure de la prison au citoyen le plus honnête & le plus distingué. Rarement le juge est-il responsable de ses erreurs ou de ses prévarications à cet égard. L'appel ne suspend point l'exécution des décrets. Ceux contre qui ils sont lancés, n'ont que le choix entre les prisons du juge, qui les a outragés, & celles du juge auquel l'autre ressortit.

A l'inquisition, comme chez nous, le juge est seul avec l'accusé, en l'interrogeant. Il commence par lui faire prêter serment, qu'il dira la vérité sur tout ce dont on l'interrogera, & même sur son propre compte. Il lui demande ensuite son nom, son surnom, son âge, sa qualité, sa demeure; s'il sait pourquoi il a été traduit en justice (2). Rien n'est plus ressemblant que ces deux procédures. L'inquisiteur emploie pour arracher ou surprendre des aveux

---

(1) L'inquisiteur ne peut ordonner seul l'emprisonnement. *Limborch dans la biblioth. univers. tome* 23. *page* 398.

(2) *Manuel des Inquisit. pag.* 47. 1670. *tit.* 14.

les mêmes détours qu'un juge criminel exercé peut mettre en usage parmi nous.

Quand l'accusation est légère, le juge demande à l'accusé s'il veut prendre droit par les charges, c'est-à-dire, s'il veut s'en rapporter à la déposition des témoins, afin que sans autre instruction il soit passé outre au jugement du procès ; mais une pareille question est vraiment absurde, & ne peut être qu'un piège pour l'accusé, qui, ne connoissant ni le nom, ni les dépositions des témoins, n'est point assez assuré de leur impartialité pour déclarer s'il doit ou non s'en rapporter à ce qu'ils ont dit.

Mais quand il s'agit d'une accusation grave, alors on procède à l'extraordinaire par récolement & par confrontation. Le récolement est une répétition que le juge, toujours seul, secrettement & séparément, fait faire au témoin de sa déposition, en lui demandant, après, s'il ne veut rien y ajouter ou diminuer. Cette formalité est aussi connue à l'inquisition (1).

Jusques ici tout a été secret pour l'ac-

---

(1) *Limborch. hist. inquis. dans la biblioth. univ. tome 23. page 400.*

cusé : on lui a caché le nom des témoins, celui de l'accusateur. A peine a-t-il pu soupçonner quelque chose du crime dont on le charge par les interrogations que le juge lui a faites. La confrontation va dissiper en partie & pour un instant seulement ces ténèbres épaisses. Quoique l'ordonnance laisse presqu'aux juges la liberté de ne confronter que les témoins qu'ils jugeront à propos; cependant l'usage veut assez généralement qu'on confronte tous ceux qui sont charge contre l'accusé (1).

A l'inquisition la confrontation est encore plus arbitraire. Il est même des cas où on ne la fait point. On communique seulement à l'accusé la dénonciation & les dépositions, en cachant les noms du dénonciateur & des témoins. On en use ainsi lorsqu'on croit qu'il y auroit du danger à les faire connoître (2).

En procédant à la confrontation parmi nous, le juge fait d'abord faire lecture à l'accusé du nom, du surnom, de l'âge, de la qualité & de la demeure du témoin; il lui demande ensuite, s'il n'a aucun reproche

(1) 1670. *tit. XV. art.* 1.

(2) *Manuel des inquisit. pag.* 42. 43.

à proposer contre lui. L'accusé est tenu de les donner tout de suite, autrement il n'y est plus reçu, après avoir ouï la lecture de la déposition du témoin (1).

La manière d'agir de l'inquisition est absolument la même, quand on juge à propos de faire connoître à l'accusé le nom des témoins qui ont déposé contre lui. On commence par lui demander, *s'il ne connoît point un tel & un tel;* ce sont ceux qui déposent les choses les plus fortes; s'il répond non, il ne peut plus les recuser (2).

La procédure de l'inquisition est plus favorable que la nôtre à l'accusé, en ce qu'elle lui accorde le secours d'un conseil aussitôt après l'interrogatoire (3). Les accusés ont joui du même droit parmi nous, jusques à l'ordonnance de 1670, qui ne le laissa subsister que pour quelques cas bien rares (4). A l'inquisition on fait encore plus : on communique la procédure au conseil de l'accusé; ce que nous ne faisons point,

(1) 1670. *XV. art.* 15. *& suiv.*

(2) *Manuel des inquisit. pag.* 67.

(3) *Ibid. pag.* 63.

(4) *Tit. XIV. art.* 8.

lors même que nous voulons bien lui en accorder un : car quoiqu'à la confrontation l'accusé ait eu connoissance des dépositions des témoins ; cependant la procédure n'en devient pas pour cela publique. Il est des pièces que l'accusé ne voit jamais, telles que les procès verbaux de corps de délit, les rapports de chirurgien, &c. Quant aux informations même, le voile qui s'est levé un instant, retombe ensuite pour jamais (1).

La religion & le devoir des juges doivent veiller à la défense des accusés (2). Le devoir & la religion des inquisiteurs sont chargés de la même obligation (3). L'humanité de Louis XVI, en abolissant

---

(3) Observons qu'il n'en est point ainsi dans le reste de l'Europe, dans les pays d'inquisition même, dès qu'il ne s'agit pas d'un délit contre la religion. La procédure est publique aussi-tôt après l'interrogatoire. La confrontation est faite en présence de plusieurs juges. On donne un conseil à l'accusé. M. de Lolme, de *la Constit. de l'Angleterre*, *tom.* 1. *pag.* 148. *not.* en parlant de cet usage universel de l'Europe ne fait point d'exception pour nous. Les étrangers pourroient-ils imaginer que nous eussions des loix aussi barbares ?

(2) 1670. *tit. XIV. art.* 8.

(3) *Manuel des inquis. pag.* 66.

la queſtion, a retranché un des traits de conformité entre notre procédure & celle de l'inquiſition. Mais en quoi elles ſe rapprochent encore, c'eſt que toutes perſonnes ſont reçues en témoignage à l'inquiſition : les excommuniés, les parjures, les parens, les domeſtiques, ſur-tout s'ils sont témoins néceſſaires, c'eſt-à-dire, ſi l'on n'en a pas d'autres (1). Or, c'eſt ce qui arrive preſque toujours, attendu que le crime d'héréſie ſe commet le plus ſouvent dans le ſecret des maiſons.

Celui-là même qui a dénoncé l'accuſé, s'il ne s'eſt pas porté pour accuſateur, eſt admis au nombre des témoins (2). Je n'ai pas beſoin de vous faire remarquer la conformité de ce langage avec celui de quelques-uns de nos criminaliſtes. Tout *témoin néceſſaire*, ſuivant eux, quel qu'il ſoit, doit être écouté : ainſi que le dénonciateur qui ne s'eſt point déclaré accuſateur, & qui ne demande rien autre choſe que de perdre l'accuſé. Mais en quoi nous l'emportons ſur l'inquiſition, c'eſt qu'on ne peut y

---

(1) *Manuel des Inquiſit. pag. 35. & ſuiv.*

(2) *Limborch hiſtor. Inquiſ. dans la biblioth. univ. tome 23. page 398.*

condamner sur la seule déposition de deux témoins *nécessaires* ou non, qu'en tant qu'elle est fortifiée par les circonstances & les indices ; tandis qu'on soutient chez nous que la déposition de deux témoins même nécessaires fait une preuve complette.

Si, lorsque les juges travaillent parmi nous à la visite du procès, ils trouvent quelque fait allégué par l'accusé dans ses réponses ou à la confrontation, qui puisse servir à prouver son innocence, il leur est libre de lui permettre d'en faire la preuve. Ils ne peuvent en admettre d'autres quelque relevans qu'ils soient d'ailleurs; mais alors l'accusé est obligé de nommer ses témoins sur-le-champ, autrement il n'y est plus reçu (1). C'est ce qu'on appelle *faits justificatifs*. Nous ferons voir ailleurs l'inconséquence & même l'inutilité de cette procédure. Ici contentons-nous d'observer qu'on la pratique à l'inquisition ; quelquefois l'accusé y est admis à prouver son innocence par témoins (2). Enfin l'instruction par contumace est la même chez

(1) 1670. *tit.* 28.

(2) *Limborch histor. Inquisit. dans biblioth. univ. tome* 23. *page* 401.

nous qu'à l'inquiſition. C'eſt de-là encore que nous avons tiré les exécutions par effigie. Nous pendons ou nous rouons la repréſentation de l'accuſé, comme on la brûle aux *auto da fé* (1).

On ne peut plus ſe former à préſent le plus léger doute ſur la véritable origine de notre procédure criminelle. Qui auroit dit à Philippe le Bel, qu'un jour Boniface VIII ſeroit le législateur de ſon royaume, dans la partie la plus importante de l'adminiſtration publique ? Qui lui auroit prédit qu'un tems viendroit où des loix inventées par le plus hautain, le plus dur, le plus deſpotique des tyrans, ſeroient regardées comme l'appui de la juſtice françoiſe, & le plus haut degré de perfection où l'eſprit humain puiſſe arriver en matière de législation ? Ah ! combien le cœur de ce prêtre vindicatif auroit été ſatisfait, s'il avoit pu prévoir qu'il ſe vengeroit auſſi cruellement des affronts qu'il avoit reçus de ſon vivant de la France, & des perſécutions qu'elle réſervoit à ſa mémoire !

Il ne me reſte plus qu'à vous fixer l'époque de l'établiſſement de cette procé-

dure

(1) *Manuel des Inquiſit. pag.* 86.

dure parmi nous. Quelques-uns la font remonter jusques au règne de Saint-Louis. Mais ils se trompent. Ce prince tenta d'abolir la preuve par le combat, pour y substituer celle par témoins. Mais celle-ci devoit se faire publiquement comme l'autre. La preuve en est dans une ordonnance de Saint-Louis, rapportée par Pasquier (1). Comment d'ailleurs la procédure inquisitoriale, qui ne fut perfectionnée que par Boniface VIII, aura-t-elle été connue, même dans les cours laïques, sous le règne de St. Louis, antérieur de près d'un demi-siècle à celui de ce pontife.

L'instruction secrette ne fut d'abord reçue que dans le tribunal de l'inquisition. C'est par-là qu'elle s'introduisit dans la plupart des états de l'Europe, & principalement en France : car le sceptre de fer, avec lequel l'inquisition a gouverné & gouverne encore tant de nations infortunées, s'étoit également appesanti sur la France. C'est même dans son sein qu'elle prit naissance; & elle y a subsisté près de quatre siècles. Elle y règnoit encore en souveraine vers

(1) *Recherch. liv. 4. ch. 1.*

le milieu du ſeizième ſiècle (1). Il eſt vrai que dans les derniers tems de ſon exiſtence on l'avoit ſoumiſe à l'inſpection des tribunaux royaux ; & ſur-tout des parlemens. Mais cette inſpection ne ſervit peut-être qu'à familiariſer peu à peu les magiſtrats avec ſes loix injuſtes & tyranniques. La contagion ſe communiqua par ce rapprochement. Ce fut là où le chancelier Poyet prit les diſpoſitions de l'ordonnance de 1539, concernant la procédure criminelle. Elle eſt la première qui ait fait de l'inſtruction ſecrette une loi générale pour la France. Sous le règne de Louis XII on avoit tenté de l'introduire en Bretagne & en Provence, par des ordonnances particulières à ces deux provinces (2). C'eſt

(1) Voyez les arrêts de Lucius *Lib. 2. tit. IV. cap. 9.* Ce ne fut qu'en 1552, que le parlement rendit un arrêt, portant, qu'une décrétale de Boniface VIII, qui ordonne aux rois, aux magiſtrats d'obéir aux inquiſiteurs, de leur donner main-forte; qui défend de les troubler dans l'exercice de leurs fonctions, ne ſeroit plus obſervée, *Pithou, Commentaires ſur les Libertés. art. 41.*

(2) L'ordonnance faite pour ces deux provinces, quoique partant du même auteur que celle de 1539, n'étoit pas auſſi vigoureuſe. Les perſonnes ſimples,

une grande tache au règne d'un si bon prince. Il est même possible que cette manière de procéder ait existé long-tems auparavant dans quelqu'une de ces innombrables Seigneuries, entre lesquelles la France étoit autrefois partagée. Il n'y avoit aucune loi uniforme sur la procédure. Chaque jurisdiction s'en faisoit une à sa guise. Plusieurs préférèrent sans doute d'adopter sans examen celle qu'on suivoit dans les cours d'église, ou dans le tribunal de l'inquisition, plutôt que de se donner la peine d'en faire une nouvelle.

Néanmoins tous les auteurs s'accordent à attribuer l'établissement de la procédure secrette au chancelier Poyet. L'un des plus remarquables & des plus dignes de foi est Ayrault, jurisconsulte éclairé, savant judicieux, qui fut presque témoin de l'innovation, & qui en déplore en plus d'un endroit les funestes effets. Il dit avoir vu des procédures faites par un de ses bisayeuls, lieutenant-criminel comme lui, par lesquelles il paroissoit clairement que la forme

---

les rustiques, les femmes étoient admis à leurs fait justificatifs aussi-tôt après la confrontation. Voyez la *Pratique d'Imbert. Liv. 3. ch. 17.*

étoit alors publique & pareille à celle des anciens Romains. " Ça donc été, ajoute-t-il, Monsieur le chancelier Poyet, qui a introduit cette façon que nous tenons. L'instruction certes, qui étoit contre les plus criminels de lèze-majesté, il l'a appliquée à tous les crimes (1) ".

Vous voyez du moins, Monsieur, par ce que je viens de vous dire, que si l'instruction étoit publique à Rome, ce n'étoit point à cause de l'état populaire, & parce que le peuple y étoit juge souverain, comme quelques-uns le prétendent. Rome commença par la monarchie; elle adopta ensuite le gouvernement républicain, d'où elle tomba sous le plus affreux despotisme. Mais dans chacune de ces périodes, l'instruction des procès, soit civils, soit criminels, s'y fit toujours publiquement. On ne commença à déroger à cette pratique que sous les premiers empereurs, encore ce ne fut que par rapport aux crimes qu'on appeloit de lèze-majesté. Au reste, cette observation, par laquelle on a cru justifier l'introduction de la procédure se-

(1) *Ordre judiciaire p. 217. 256. 279. & procès verb. de l'ordonn. 1670. p. 229.*

crette, n'est rien moins que nouvelle. On l'avoit faite déjà du tems d'Ayrault. Cet auteur la rapporte & la refute d'une manière sans réplique, par l'exemple de tous les anciens peuples, qui, quoique vivant sous l'autorité d'un seul, ne connurent jamais l'instruction secrette telle qu'elle existe parmi nous (1).

S'il avoit connu les gouvernemens modernes comme il connoissoit les anciens, il auroit pu ajouter à cet exemple celui de l'Angleterre, de tous les états du nord. Ces peuples ont su conserver les formes sacrées, protectrices de la liberté publique, que leurs pères leur avoient transmises, & qui remontent chez eux à la plus haute antiquité. Jamais ils n'ont souffert que ni le droit romain, ni le droit canonique, encore moins celui de

(1) *Ordr. judiciair. pag.* 365 *& suiv. édit. de* 1642. Montesquieu a dit à la vérité que l'ancienne forme convenoit au gouvernement d'alors, & la nouvelle à celui qui a été établi depuis. *Esp. des loix, liv.* 28. *ch.* 74. C'est-là une de ces observations peu réfléchies, dont ce grand ouvrage fourmille, & qui lui ôtent beaucoup de son prix. L'instruction secrette n'a jamais convenu qu'au gouvernement de Tibère, de Messaline, de Néron, ou de l'inquisition.

l'inquisition, vinssent en *souiller la pureté primitive.*

Mais nous, moins sages qu'eux, nous avons presque été au-devant de ces loix étrangères & tyranniques. L'instruction publique & par jurés, que nos pères nous avoient apportée en se transplantant dans nos climats, se maintient pendant une assez longue suite de siècles. Elle est même confirmée par Saint-Louis, lorsqu'à la preuve par le combat il voulut substituer celle par témoins. Mais elle cède insensiblement à la nouvelle pratique introduite par le despotisme sacerdotal, terrible & puissant effet de l'habitude sur l'homme. Il n'y a pas d'obstacle qu'elle ne surmonte. Elle subjugue l'opinion; elle en impose à la raison même. Les loix de l'inquisition sont d'abord regardées avec horreur. Dans toutes les parties de la France elles excitent des révoltes & des soulèvemens. Presquepar-tout elles sont cimentées du sang des premiers qui osèrent les mettre à exécution. Cependant on se familiarise peu à peu avec elles, & l'on finit, comme on l'a déjà dit, par chasser les inquisiteurs, en gardant l'inquisition.

L'on voit même par le procès verbal de

l'ordonnance de 1670, qu'on ne se doutoit pas même de la rigueur & de l'injustice des loix antérieures, qu'on ne fit presque que copier. Bien loin de s'attacher à les adoucir, à les rendre dignes de la nation pour laquelle elles étoient faites, on en outra encore la sévérité. Ainsi l'on retrancha les adjoints aux informations, qui servoient à prévenir une infinité de prévarications de la part du juge chargé de l'instruction ; on priva entièrement les accusés du secours d'un conseil si nécessaire à l'innocence simple & timide ; enfin on abolit les amenés sans scandale, qui modifioient un peu la dureté de nos décrets de prise au corps, dont l'arbitraire est si opposé à nos mœurs. Un seul homme fit alors entendre quelques réclamations en faveur de l'humanité. Cet homme fut le célèbre président de Lamoignon, le protecteur, l'ami de tout ce que le siècle de Louis XIV eut d'illustre dans les lettres. Il avoit tempéré par leur culture les maximes trop rigoureuses de la jurisprudence. Si ses conseils eussent été suivis, que d'erreurs terribles on eût sauvé peut-être à la justice ! que de cruels remords on eût épargné aux magiſtrats vertueux ! Puiſſe l'heureuſe révolution que ce grand homme, l'honneur de ſon ſiècle & de la magiſtrature, ne put pas même préparer, être opérée par l'héritier de ſon nom, de ſes vertus & de ſes lumières !

J'ai l'honneur d'être, &c.

## LETTRE II.

*Sur la nature de la preuve en matière criminelle, & les moyens de l'acquérir.*

Je vous ai montré, Monsieur, dans ma lettre précédente, l'origine de notre procédure criminelle, & sa conformité avec celle de l'inquisition. Avant d'entrer dans le détail de ses inconvéniens, il faut que je vous dise quelque chose de la nature de la preuve en matière criminelle. La certitude de la preuve dépend principalement de la manière & des moyens dont on s'y prend pour l'acquérir. Une instruction vicieuse ne peut jamais aboutir qu'à une preuve incertaine. Sachons donc d'abord ce que c'est que la preuve, & nous verrons ensuite si nous avons pris la voie la plus sûre pour y arriver.

La matière qui va faire le sujet de cette lettre est une matière presque neuve. Nous n'avons aucun bon ouvrage sur la nature des preuves ni en jurisprudence, ni même en philosophie, si l'on n'en excepte un ou deux chapitres de Loke. Un traité sur ce sujet exigeroit, comme l'a dit un magistrat éloquent, l'application la plus fine de la métaphysique & de la connoissance du cœur de l'homme, aux divers cas de la jurisprudence. Il seroit digne de Loke, qui auroit consulté la Rochefoucault (1).

Je n'entreprendrai point ce traité ici. Il est au-dessus de mes forces. Ce ne seroit pas non plus sa place. Je remarquerai seulement que, quoique l'on parle communément dans le monde, dans le barreau, dans la magistrature même, du probable, du vraisemblable, du certain, de l'évident, il y a cependant bien peu de personnes qui aient des idées nettes de tout cela, & qui ne confondent souvent l'un avec l'autre. Les hommes sont conduits en général dans leurs jugemens par une espèce de routine plus ou moins sûre, suivant que l'expérience, la fréquentation, la connoissance des hommes, l'habitude des affaires l'ont plus ou moins exercée.

La preuve peut se définir, ce qui établit la certitude d'une chose obscure ou douteuse. Il y a divers degrés dans une

---

(1) Mr. Servan.

preuve. Elle commence par l'incertain; à mesure qu'elle se fortifie, elle devient vraisemblable; de la vraisemblance elle passe à la vérité; de la vérité à la certitude, & de celle-ci à l'évidence. Un principe qu'on ne doit jamais perdre de vue dans ces matières, c'est qu'un fait est toujours vrai ou faux en lui-même; & que tous les doutes qui peuvent s'élever à son sujet n'existent que dans notre esprit. Les diverses gradations que nous avons observées dans la preuve, ne sont donc que les diverses affections que notre esprit éprouve, lorsque, dans la recherche de la vérité d'un fait, il peut remonter du doute & de l'incertitude, jusques à ce point où la réunion de toutes les circonstances, & l'examen réfléchi de toutes les preuves, le forcent à convenir de la vérité ou de la fausseté de la proposition qu'on affirme. De-là on voit qu'il peut y avoir différens degrés dans la probabilité; mais qu'il *n'y* en a aucun dans la certitude. Elle existe en entier, ou elle n'est pas.

Il n'y a que deux voies pour parvenir à la certitude. La première, c'est lorsque nous formons notre jugement d'après les sensations que font sur nous les objets que nous examinons & qui se trouvent placés à la portée de nos sens. La seconde, c'est lorsque nous sommes réduits à en juger ou par les traces qu'ils ont laissées après eux, ou bien sur le témoignage d'autrui. La première méthode, qui ne pourroit être sujette à aucune erreur importante, a rarement lieu en matière criminelle. La seconde y est d'un usage journalier.

Mais que d'écueils ne présente-t-elle pas à l'attention & à l'examen même le plus scrupuleux ! Que de conséquences diverses, que de présomptions différentes & même opposées ne peut-on pas former sur les indices ou les traces qu'un fait laisse après lui ! Qui osera fixer des règles sur le témoignage de l'homme ? Ces règles seroient bientôt démenties par les variations continuelles de son cœur & de ses affections, par son art à les déguiser, ou par la difficulté d'en avoir la preuve, lors même qu'elles se montrent le plus ouvertement. Ceux qui occupent les grandes places, qui sont comme le centre des grands intérêts, & que le tourbillon des passions environne sans cesse, peuvent mieux que personne juger de leurs continuelles agitations, des formes différentes qu'elles savent prendre pour ſe déguiſer, pour tromper, pour en impoſer aux autres. Qui pourra nous dire ſi un témoin eſt ſincère, s'il eſt bien inſtruit? s'il ſe trompe ou s'il ne veut pas nous tromper? De quel droit veut-il me forcer de régler mon jugement ſur le ſien? Ne voit-on pas ſouvent dans les affaires & les intrigues du monde, ni le nombre, ni la qualité des témoins n'empêcher pas qu'on ne ſe méfie des bruits ou des rapports les plus accrédités. Ceux qui ſont le plus au fait de ſon manège ne ſe décident jamais pour y croire, ou pour les rejeter, que d'après les intérêts, les paſſions, les liaiſons, les penchans, les opinions de ceux qui les répandent; & ils ſe trompent rarement. Il en eſt de même du grand au petit. Les hommes ſe reſſemblent dans tous les rangs & dans tous les états. La différence n'eſt que dans la grandeur des intérêts qui les diviſent; dans les moyens & les occaſions qu'ils ont de développer les paſſions qui les agitent. Auſſi voit-on que dans les procès civils, tant ſoit peu importans, on a proſcrit preſque partout la preuve par témoins. L'impoſſibilité de s'en paſſer en matière criminelle a obligé de l'y laiſſer ſubſiſter. Mais la loi civile eſt un avertiſſement continuel de s'en méfier.

Il eſt donc impoſſible de poſer des règles invariables ſur la nature des preuves. La loi romaine, ſi diffuſe ſur tous les ſujets, reſte court dans celui-ci. Après avoir preſcrit quelques règles triviales ſur l'examen qu'on doit faire des témoins, elle finit par dire, qu'il ne faut pas s'arrêter à une ſeule eſpèce de preuve, & que c'eſt de l'impreſſion que la réunion de toutes aura faite ſur l'eſprit du juge, que dépend le certain ou le probable (1).

La Loi romaine ne dit rien en cela que l'obſervation n'ait appris à tous ceux qui ont tant ſoit peu réfléchi ſur la nature des preuves, & ſur les principes de leur certitude. Une ſeule eſpèce de preuve ne ſuffit pas. C'eſt leur réunion qui fait leur force. Les indices ne diront rien ſans les témoins; & les témoins ſans les indices. Mais ils ſe fortifieront mutuellement.

Ce n'eſt pas tout que de s'être fait une idée quelconque de la nature & de la certitude de la preuve; il eſt encore important de connoître l'ordre & la marche qu'il faut tenir, pour en raſſembler les diverſes branches. C'eſt

(1) *Leg. 3. tit. de teſtib.*

ce qu'on appelle *l'instruction* en matière criminelle. Or, la marche qu'un juge doit tenir, pour la recherche de la vérité des faits qui sont l'objet des travaux de son ministère, ne sauroit être différente de celle qu'un homme prudent suit pour s'assurer d'une vérité qui l'intéresse. La certitude s'opérera dans tous les deux de la même façon. Il est vrai que les recherches d'un juge sont assujetties à certaines règles & à certaines formes ; mais ces règles & ces formes, à peine d'être déclarées injustes & absurdes, doivent avoir pour unique but de contenir le juge dans le droit chemin de la vérité, & de l'empêcher de s'égarer dans les sentiers de l'arbitraire.

La première règle, celle même qui est le fondement de l'instruction criminelle, est que, la voix publique ou celle d'un accusateur annonçant qu'il a été fait une infraction à l'ordre social, qu'il a été en un mot commis un délit, on s'attache à constater sur le champ la réalité & la nature de ce délit. C'est ce qu'on appelle dans le langage des criminalistes, *dresser procès verbal du corps de délit.* Il seroit autrement très-ridicule de poursuivre la punition d'un délit, si l'on n'étoit auparavant bien assuré de son existence. « Avant que de poursuivre un crime, dit M. d'Aguesseau, avant que de faire un procès criminel, avant que de chercher des coupables, il faut savoir s'il y a un délit. C'est un fait essentiel, préalable non-seulement au jugement & à la condamnation, mais encore à la procédure même & à l'instruction criminelle. Quand même l'accusé n'en demanderoit pas la preuve, il est de la sagesse & de l'équité du juge de l'ordonner, puisque toute son application doit être de donner du corps & de la réalité à une accusation, de ne pas la laisser errer incertainement dans la bouche des témoins, ou vaguer d'une manière encore plus douteuse dans le vaste pays des présomptions & des conjectures, mais de la fixer, de l'assurer, de la déterminer par une preuve certaine du délit, qui montrant le crime à découvert, ne laisse plus d'obscurité que sur la personne qu'on accuse de l'avoir commis (1) ». Le procès verbal du corps de délit en fixe les traces fugitives, qui peuvent servir à la décharge, ou à la conviction de l'accusé. Il empêche non-seulement qu'on n'aggrave l'accusation, mais il prévient jusques

(1) *Plaidoyer.* 51.

jusques à un certain point l'exagération & la fausseté des dépositions des témoins.

Il est vrai cependant qu'il y a des crimes qui ne laissent aucune trace après eux; qu'il peut y avoir des criminels, dont la cruelle industrie soit assez heureuse pour dérober aux yeux de la justice les misérables restes de celui qu'ils ont immolé à leur animosité ou à leur vengeance. Mais alors il faut que des recherches aussi exactes que les circonstances le permettent, autorisent à croire qu'il y a un véritable délit.

On doit se hâter de dresser ce procès verbal du corps de délit. Cela suffit souvent pour convaincre un coupable. J'en trouve, Monsieur, un exemple dans Tacite, que je ne puis m'empêcher de vous rappeler ici. Plautius Silvanus préteur avoit fait périr son épouse, en la précipitant. Traduit par son beau-père devant l'Empereur Tibère, il répondit tout troublé, que pendant qu'il dormoit, son épouse s'étoit précipitée elle-même. Tibère sans hésiter se rend lui-même à la maison de l'accusé. Il visite la chambre, où il trouve encore des traces de la violence qu'on avoit faite à cette infortunée, & de la résistance qu'elle y avoit oppofée. Le coupable fut ainfi convaincu & puni bientôt après (1). Quelques momens plus tard l'état des lieux pouvoit être changé, les traces du délit difparoître, &, faute d'autres preuves, l'impunité affurée au coupable. Ainfi plus le procès verbal eft éloigné de l'époque où le délit a été commis, plus il perd de fa force & de fon poids; & il arrive enfin un tems où il ne fauroit plus être d'aucune confidération. M. d'Agueffeau, dans la célèbre affaire de la Pirardière, dont je vous parlerai plus au long dans la fuite, en convenoit bien. Les juges avoient refté environ un mois & demi avant de dreffer leur procès verbal de l'état des lieux. « Où font, difoit-il, les recherches, les perquifitions exactes, les procès verbaux dreffés par les juges dans le tems que le crime étoit nouveau, dans le tems qu'on pouvoit en trouver encore des traces récentes? Juges ignorans, s'ils n'ont pas cru que cette démarche fût néceffaire à l'inftruction; négligens, fi c'eft par oubli qu'ils ne l'ont pas faite; prévaricateurs, s'ils l'ont omife à deffein, fachant bien qu'ils ne

(1) *Annal. IV.* 22.

trouveroient jamais le corps & la réalité d'un crime imaginaire (1)".

Croiriez-vous, Monsieur, d'après cela, que notre ordonnance criminelle ne prescrit expressément le procès verbal du corps de délit & de l'état des lieux, que dans le cas de l'assassinat (2)? Elle fait une loi particulière, où elle devoit établir une règle générale. Et encore même dans ce cas n'exige-t-elle pas cette formalité essentielle à la procédure, à peine de nullité; tandis qu'elle l'exige pour cent autres formalités minutieuses, qui ne sont d'aucun secours pour la découverte de la vérité. C'est-là une preuve de l'attention que l'on donna à sa rédaction. Cependant tous les commentateurs, sans exception, n'en conviennent pas moins que le procès verbal est nécessaire dans tous les délits qui laissent des traces après eux, tels que l'assassinat, l'incendie, le viol, le vol avec effraction, &c. Un criminaliste dit même, que c'est-là la pratique de tout l'univers (3).

Une fois le délit constaté, on marche à

(1) *Plaidoyer.* 51.

(2) 1670. *tit. IV.*

(3) *Julius Clarus practic. crimin. Lib.* 5. *quæst.* 4.

la découverte de son auteur. Des traces, des circonstances du fait, ce qui s'est passé avant ou après, peuvent servir à l'indiquer. On interroge les témoins qu'on soupçonne en avoir quelque connoissance. Mais le juge les admettra-t-il tous indistinctement? S'en rapportera-t-il aveuglément à leur témoignage? C'est ici où la délicatesse & l'importance de son ministère se font le mieux sentir. Le juge doit examiner le témoin avec la plus grande attention. Cet examen doit rouler, suivant la loi romaine, sur les dignités, le rang que le témoin occupe; sur ses habitudes, ses mœurs, ses liaisons avec l'accusateur ou avec l'accusé. On doit comparer son témoignage avec les circonstances du fait; voir s'il est ferme & constant dans sa déposition; s'il en donne des motifs justes & probables; enfin si les témoins sont d'accord entr'eux.

Il n'y a pas de plus sûr moyen de s'assurer de la véracité & de la constance du témoin, que de le mettre tout de suite aux prises avec l'accusé, avant qu'on ait eu le tems de le suborner, ou qu'il ait eu lui-même le tems de se raffermir dans les mauvais desseins qu'il auroit conçus, ou qu'on lui auroit inspiré. L'accusateur ou le dénonciateur doivent également passer par cette épreuve.

Ce qui fortifie beaucoup encore une preuve testimoniale, ce sont les témoignages contraires. Quand les témoins, produits par celui qui affirme, & ceux produits par celui qui nie, par l'accusateur, par exemple, & par l'accusé, s'accordent entr'eux, ou ne varient que sur des circonstances légères, c'est un indice presqu'assuré de la vérité de leurs dépositions.

Je sais bien, Monsieur, que vous me trouverez plus sévère que ne le sont nos graves criminalistes, qui sont bien loin d'exiger tant de soin & d'attention de la part d'un juge. Ils font très-bon marché de la liberté, de l'honneur, de la vie des hommes. Toutes les règles générales qu'ils prescrivent sont fautives & défectueuses dans la pratique. Quoi de plus insensé, par exemple, que ce qu'ils disent au sujet des indices! Il en faut trois, suivant les uns; deux, suivant d'autres, suffisent pour la condamnation. Cependant toute la force des indices dépend de leur corélation; & tel indice sera d'une grande considération dans des circonstances données, qui ne ſera d'aucun poids dans des circonſtances oppoſées ou différentes.

Une autre de leurs règles générales, & qui n'eſt pas la moins pernicieuſe, eſt celle que *deux témoins ſuffiſent pour convaincre un accuſé*. Combien les téméraires applications, s'écrie Mr. Servan, d'une règle déjà ſi rigoureuſe dans ſon vrai ſens, la rendroient funeſte & meurtrière! Quel dangereux glaive pour qui ne ſaura pas limiter l'espace où il doit ſe mouvoir!

Combien les règles adoptées par les peuples, qui dans l'établiſſement de leurs loix n'ont écouté que la voix de la juſtice & de la raiſon, ſont au-deſſus de celles preſcrites par nos criminaliſtes! Celles que les Anglois ſuivent dans l'appréciation de la preuve, me paroiſſent auſſi admirables que toutes leurs loix ſur la juſtice criminelle, & principalement ſur la procédure. Voici comment s'exprime à ce ſujet un de leurs juriſconſultes. "Les jurés doivent peſer la crédibilité des témoins & la force & l'efficace de leurs dépoſitions; en quoi, comme je l'ai dit ci-devant, ils ne ſont pas préciſément obligés de ſuivre les règles de la loi civile; par exemple, d'avoir deux témoins pour prouver chaque fait, à moins que ce ne soit pour un cas de trahison; ni de rejeter un témoin parce qu'il est seul, ni de croire toujours deux témoins, si la probabilité du fait se trouve, ensuite d'autres circonstances, leur être contraires: car le jugement ne se rend pas simplement ici sur la déposition des témoins, mais aussi sur celle des jurés, vu qu'il est possible qu'ils aient en leur particulier connoissance de la fausseté d'une chose qu'un témoin a déposé être vraie, ou qu'un témoin est inadmissible & ne mérite aucune créance, quoique rien n'ait été objecté contre lui, & qu'ils donnent leur suffrage en conséquence (1)".

Mais si les habitudes, les mœurs, les attenances, les liaisons du témoin avec l'accusateur ou avec l'accusé, rendent sa déposition suspecte, & obligent même souvent de la rejeter, que faudra-t-il penser de celle du dénonciateur ou de l'accusateur? Pourront-ils être ouïs comme témoins? Leur déposition fera-t-elle foi?

---

(1) *Hale hist. de la commune loi chap. XII. paragraphe II. cité par* Mr. de Lolme, *Constitut. de l'Angl. tome* 1. *p.* 159.

Entrera-t-elle pour quelque chose dans l'appréciation de la preuve ? Le dénonciateur & l'accusateur seront-ils érigés en juges de l'accusé ? Car, on ne peut en disconvenir, les témoins sont les premiers juges. Il semble qu'une pareille question ne devroit en être une qu'à l'inquisition, où à la vérité le dénonciateur est admis en témoignage, comme je vous l'ai fait voir dans ma lettre précédente. Mais les loix d'un tribunal sanguinaire & oppressif l'emporteront-elles toujours sur les inspirations & les conseils du bon sens & de la raison, & sur l'exemple de tous les peuples policés, tant anciens que modernes ?

Serons-nous obligés de rappeler ici, que dans toute l'antiquité, à Athènes & à Rome, les accusations étoient publiques, c'est-à-dire, ouvertes à tout le monde ; que c'étoit même là la voie des honneurs, & que tous les jeunes gens, qui vouloient y parvenir, commençoient par quelqu'accusation d'éclat ? Cependant, malgré les motifs nobles & élevés qui dirigeoient les accusateurs ; quoiqu'ils ne retirassent d'autre profit du succès de leur accusation que la gloire d'avoir procuré la punition des coupables ; qu'ils ne courussent d'autre danger que la honte d'échouer dans leur entreprise, les loix ne leur donnoient aucun avantage sur les accusés. Tout étoit parfaitement égal entr'eux. Il ne fut jamais sur-tout question de les admettre au nombre des témoins. Ils étoient obligés d'en produire eux-mêmes, pour prouver leur accusation.

Le despotisme change toutes les idées à cet égard. Les accusateurs ne furent bientôt plus que des délateurs. Les premiers étoient conduits par des motifs de gloire ou de bien public; les derniers, par une vile cupidité, ou une lâche flatterie envers les tyrans ou leurs favoris, dont ils secondoient par leurs délations l'avarice & la cruauté. Elles se faisoient quelquefois ouvertement, mais le plus souvent en secret. Le nom de délateur devint un nom d'opprobre. Il y a lieu de croire que leur dénonciation ou leur témoignage déterminoit presque toujours la condamnation de l'accusé. Les inventeurs de cette funeste procédure n'étoient pas difficiles en preuves. Les délations, sur-tout celles qui se faisoient secrettement, étoient bornées aux délits qu'on appeloit de lèze-majesté. L'inquisition ne laissa pas échapper cette branche de la procédure des anciens tyrans de Rome, qu'elle adopta en entier. Elle transporta les délations secrettes dans la sienne, mais seulement pour les crimes d'hérésie ou de lèze-majesté divine. Nous les avons admises pour toutes les espèces de crime. Les délations secrettes se sont cependant toujours ressenties parmi nous de leur origine. Nous les regardons encore comme odieuses, & le nom de délateur est une injure pour un homme d'honneur. Tel est le préjugé vulgaire ; préjugé qui n'est peut-être pas sans fondement. Il est du moins très-ancien. Ayrault, après avoir rappelé les moyens que nous avons mis en usage pour prévenir les funestes effets des délations chez les Romains, en ôtant aux délateurs la principale charge de l'accusation, en les soumettant à donner caution, en leur enlevant tout profit & émolument d'accuser, soit prix, soit réparation honorable ou profitable, convient néanmoins qu'il demeure toujours quelque chose de déplaisant en la personne du délateur. « Car ce qu'on fait, ajoute-t-il, sans obligation, sans contrainte, & qui plus est sans douleur, se rapporte plutôt de prime face à quelqu'intention finiſtre qu'à zèle & affection de paix (1) ". Hélas! il n'eſt peut-être que trop vrai que l'amour du bien public n'eſt pas aſſez actif chez nous, pour nous porter à dénoncer un délit auquel nous n'avons aucun intérêt; à braver le préjugé qui flétrit dans l'opinion publique les délateurs, en ſe ſoumettant aux formalités humiliantes que la loi, qui ſemble ſe méfier de la droiture de leurs intentions, a exigées d'eux, avant d'écouter leur accuſation (2)! Remarquez bien ici, Monſieur, que les anciens honoroient les accuſateurs; mais qu'ils ne leur donnoient aucun avantage ſur les accuſés; que nous, au contraire, nous les avons avilis, & que nous parlons néanmoins de les admettre en témoignage; & avouez que nous ſommes bien inconſéquens.

Toutes les diſtinctions que l'on fait là-deſſus ſont déſavouées par la loi, qui ne connoît que deux manières d'accuſer, par plainte ou par dénonciation (3). Les mots de délateur & de dénonciateur ſont ſyno-

---

(1) *Ordre judiciaire. p.* 205.

(2) 1670, *tit.* 3. *art.* 6. *Ordon. d'Orléans. art.* 73.

(3) *Ibid. tit.* 3.

nymes dans notre langue. Ils désignent celui qui défère un crime, sans avoir un intérêt particulier à sa vengeance. Si l'on vouloit y trouver quelque différence, ce ne pourroit être que celle qui existe entre l'accusation & la calomnie. Le dénonciateur seroit celui qui déféreroit un crime véritable; le délateur celui qui déféreroit un crime chimérique.

L'accusateur, au contraire, est celui qui poursuit sa propre cause, & demande réparation du tort qu'il a souffert. C'est à quoi aujourd'hui ses poursuites sont bornées. Car, soit que l'accusateur que nous nommons encore *plaignant* ou *partie civile* demeure au procès, soit qu'il s'en désiste, comme il en a la liberté, il ne peut dans aucun cas demander autre chose que des réparations civiles, ou ses dommages & intérêts. La véritable accusation est entre les mains du ministère public, seul partie légitime, pour poursuivre la punition corporelle ou infamante des coupables. Or, Monsieur, on convient généralement que l'accusateur, qui demeure partie civile au procès, ne peut être témoin. Mais celui qui se désiste, ajoute-t-on; mais le dénonciateur, quel intérêt pourroit rendre leur témoignage suspect ? Quel intérêt ? L'un, celui de la vengeance du tort vrai ou prétendu qu'il dit avoir reçu. L'autre, celui de l'animosité, qui lui a peut-être inspiré sa dénonciation. Tous deux celui d'éviter les dommages & intérêts dont ils seront tenus envers l'accusé, si leur plainte ou leur dénonciation est jugée calomnieuse. Mais s'ils ne demandent rien, insistera-t-on ? Ils ne demandent rien, dites-vous; quel est donc le but de leur accusation? Ne peut-elle pas aboutir à la flétrissure ou à la mort ignominieuse de l'accusé ? N'est-il pas obligé toujours de supporter les longueurs, les angoisses, de courir les dangers d'une procédure oppressive ? Et vous appelez cela rien. Il semble à vous entendre que l'argent est par lui-même l'objet de la cupidité des hommes. Si on le recherche avec tant d'avidité, ce n'est que parce qu'il procure les moyens de satisfaire tous les goûts, tous les desirs, toutes les passions. Combien n'en trouveriez-vous pas, qui bien loin de demander de l'argent ensuite de leur accusation, seroient prêts à en donner beaucoup, pourvu qu'ils pussent immoler à leur ressentiment le malheureux qui l'auroit excité ?

D'ailleurs, l'accusateur même qui se désiste, peut dans tous les tems, pourvu qu'il se présente avant le jugement définitif, demander ses réparations civiles. Comment pourra-t-on admettre en témoignage celui à qui la loi laisse toujours un intérêt dans l'accusation ? Comment encore admettra-t-on au nombre des témoins, celui que la loi oblige expressément de les fournir (1)? La même obligation est imposée au dénonciateur. Car les dénonciations n'ayant lieu que pour les crimes obscurs, qui pourra indiquer les témoins de ces crimes, que celui qui les défère à la justice ?

Toutes ces maximes, sorties de l'école de l'inquisition, sont combattues ou contredites par l'ordonnance & même par les criminalistes. La loi veut que le témoin fasse apparoir de l'exploit qui lui a été donné pour déposer (2). Elle regarde comme suspect celui qui se présenteroit sans avoir été appelé. Le dénonciateur devroit donc l'être par ce seul motif. Plusieurs criminalistes prétendent, que le

---

(1) *1670. tit. VI. art. 1.*

(2) *Ibid. art. 4.*

procureur du roi qui a reçu la dénonciation doit faire connoître au rapporteur du procès le nom du dénonciateur, pour qu'il puisse savoir si les témoins, qui ont été ouïs, ne sont pas ses parens (1). Cette opinion est même très-sage. Un complot de famille, dont l'un des membres feroit le rôle de dénonciateur, & les autres celui des témoins, pourroit autrement perdre un accusé avec la plus grande facilité.

Qu'importe après cela, que dans les dénonciations le procureur du roi ou le procureur fiscal soit le vrai accusateur? Mais agit-il moins à la suggestion du dénonciateur? N'est-ce pas ce dernier qui indique les témoins, qui peut même seul les indiquer? Ceux qui sont chargés de l'exercice du ministère public dans les justices subalternes, & sur-tout dans celles des villages, ont-ils toujours ces lumières qui mettent à l'abri des surprises, cette impartialité qui prévient les prévarications?

---

(1) *Muyard de Vougl. sur l'art. 6. du tit.* 3. *de* 1670. *Lacombe mat. crim. part.* 3. *ch.* 1. *sect.* 5. n°. 7. *& ch.* 17. n°. 35. M. d'Aguesseau décide, que la femme du dénonciateur ne peut être témoin; à plus forte raison le dénonciateur lui-même. *Tome* 8. *let.* 1.

Ne peut-il pas arriver, & n'arrive-t-il pas souvent, qu'ils ne sont que l'instrument, ou même le complice des vengeances du dénonciateur?

Mais, si ce dénonciateur n'a fait qu'avertir du délit qui a été commis, s'il n'a nommé personne, son témoignage sera-t-il donc rejeté? Je répondrai encore avec Ayrault, « que donner avertissement, se plaindre, postuler, déférer à justice, dénoncer, c'est accuser (1) ». J'ajouterai ensuite qu'un simple avertissement, à moins qu'il ne concernât quelque crime notoire, évident, tel qu'un assassinat dont on indiquât le corps de délit, ne seroit point un acte légal, & ensuite duquel un procureur du roi osât entreprendre une procédure; car il s'exposeroit à répondre lui-même, en cas de calomnie, des dommages & intérêts de l'accusé, pour n'avoir pas fait soumettre le dénonciateur aux formalités prescrites par la loi. La circonstance de n'avoir nommé personne dans la plainte, ou la dénonciation, est encore d'une bien légère considération. Si cela suffisoit pour mettre à couvert de la peine de la calomnie,

(1) *Ordr. judic. pag.* 198.

lomnie, pour autoriſer à admettre le dénonciateur en témoignage, il auroit l'attention de ne pas nommer celui qu'il voudroit accuſer, mais il le déſigneroit ſi bien, qu'on ne pourroit s'y tromper. Concluons qu'accuſateurs ou dénonciateurs ſont autre choſe que témoins; & que, pour que leur plainte pût opérer la conviction de l'accuſé, il faudroit que la dénégation de celui-ci pût auſſi opérer ſa décharge. Je voudrois vous parler encore des témoins néceſſaires. Mais renvoyons cela à une autre lettre. Celle-ci eſt déjà aſſez longue. Permettez-moi de reprendre un peu haleine.

J'ai l'honneur d'être, &c.

## LETTRE III.

*Continuation du même sujet.*

Je vous avois promis, Monſieur, en finiſſant ma dernière lettre, de vous dire mon avis au ſujet des témoins néceſſaires. Je viens dégager ma parole. Vous avez vu déja que la loi rejette ou ſuſpecte pluſieurs témoignages, dont l'intégrité ne lui paroît pas aſſez aſſurée, ſoit par les liaiſons d'amitié, de parenté, de dépendance entre les témoins & l'accuſateur ou l'accuſé, ſoit à cauſe de leur genre de vie, qui les expoſe davantage ou les rend plus faciles à la ſéduction. Ces témoins ſont pour ainſi dire notés aux yeux de la loi. Elle ne reconnoît point en eux toute l'impartialité ou la ſincérité néceſſaires pour un miniſtère auſſi important. Elle rejette donc leur témoignage, ou ne le reçoit qu'avec méfiance.

La loi peut avoir encore eu des motifs plus relevés, pour exclure les témoignages des parens. Quelques criminaliſtes, effrayés des conſéquences de l'impunité des crimes, pensent qu'il est permis de tout mettre en usage pour en découvrir les auteurs. Ce zèle est sans doute louable, mais il doit avoir ses bornes. L'impunité d'une infraction passagère faite à l'ordre social, seroit à coup sûr moins dangereuse que la destruction des mœurs, qui en sont la baze. Or, les mœurs se maintiennent par la concorde, l'union, la subordination dans les familles, les égards, les respects que l'on doit à ceux qui en sont les chefs. Mais forcer ceux qui en sont membres d'être mutuellement leurs délateurs ; d'aller porter témoignage les uns contre les autres ; bientôt la cordialité en disparoîtra, pour faire place à la méfiance & aux soupçons. Quelle foi pourra-t-on avoir d'ailleurs en de tels témoignages ? Ou ceux qu'on voudra obliger de témoigner contre leurs parens, conservent encore dans leur ame quelques vestiges des affections que la nature y avoit mises, & que l'éducation ou la reconnoissance y avoient développées ; ou bien ce sont des cœurs corrompus & dénaturés. Croit-on que les premiers, placés entre la loi de la nature & une loi civile, pourroient hésiter long-tems sur celle qu'ils doivent enfreindre? Les derniers méritent-ils de servir de guide aux décisions de la justice? Et si l'on pousse la cruelle curiosité jusques à vouloir tirer de la simplicité & de l'innocence d'un enfant des indices toujours trompeurs contre les auteurs de leurs jours; si par ce moyen un malheureux père est traîné à une mort ignominieuse.... Les cheveux se dressent à cette horrible pensée.

Que l'on a raison de reprocher à l'infâme tribunal de l'inquisition, d'avoir, en obligeant les parens de porter témoignage les uns contre les autres, jeté la méfiance dans les familles, détruit l'union qui en fait le bonheur, & porté ainsi les plus funestes atteintes à l'ordre social. Rendons grace au nom de l'humanité au prince sage & éclairé, qui, dans le pays même où elle levoit autrefois sa tête altière, où l'on vit Galilée traînant ignominieusement ses fers, a eu le courage d'en abolir les cruelles & honteuses maximes (1).

---

(1) L'archiduc de Toscane, dans sa nouvelle loi criminelle, a défendu d'admettre les témoignages des parens les uns contre les autres. M. d'Aguesseau étoit également de cet avis. Voyez ses *œuvres*. *Tome* 8. *lett.* 125.

C'eſt encore de l'inquiſition que nous avons tiré la doctrine des témoins néceſſaires ; & c'eſt dans le code de Tibère que l'inquiſition l'avoit encore puiſée. Un ancien ſénatus-conſulte défendoit de mettre les eſclaves à la queſtion, & de les interroger dans les cauſes criminelles de leurs maîtres. Mais le ruſé Tibère imagina un expédient, qui, en conſervant la lettre de la loi, en anéantiſſoit l'eſprit. Il ordonna que dans les crimes de lèze-majeſté les eſclaves des accuſés fuſſent vendus au fiſc, afin qu'on pût alors leur donner la queſtion, & en tirer tous les éclairciſſemens dont on avoit beſoin (1). Quelques-uns attribuent cette ſubtile invention à Auguſte. Elle ſeroit bien digne du deſtructeur de la liberté. Elle révolta tout le monde ; & l'on ſe plaignit de l'indignité qu'il y avoit de mettre la vie des maîtres à la merci de leurs eſclaves (2).

---

(1) *Tacit. Annal. II.* 30.

(2) Il eſt encore défendu en Turquie, d'admettre le témoignage des eſclaves contre leurs maitres. On s'en diſpenſe quelquefois à l'égard des Chrétiens. Voyez l'Hiſtoire tragique du grec Draco, *dans les Mémoires de Mr. le baron de Tott. Tome* 1.

Mais le despotisme, occupé uniquement de sa sûreté ou de satisfaire ses caprices, méprisa ces plaintes. Il crut trouver une excuse légitime dans l'impossibilité de se procurer autrement les preuves des complôts, qu'il lui étoit important de découvrir.

Une fois la loi enfreinte, les successeurs de Tibère ne se donnèrent seulement pas la peine de chercher des moyens pour l'éluder. Ils décidèrent qu'on pourroit mettre à la question les esclaves dans les accusations d'adultère, de fraude du cens & de lèze-majesté intentées contre leurs maîtres (1). Cette loi porte, à la vérité, le nom de Marc-Aurèle. Mais ce prince philosophe, qui ne l'auroit pas imaginée, pouvoit la répéter ou la laisser subsister. D'ailleurs, Marc-Aurèle, comme tant d'autres princes, connoissoit-il bien toutes les conséquences des loix qu'on publioit sous son nom?

De la même manière, que, contre la prohibition des anciennes loix, on avoit jugé à propos d'interroger dans certaines

(1) *Leg.* 1. *Cod. de quæstion.* L'empereur Tacite voulut abolir cette loi. *Casaubon in vopisc.*

accusations les esclaves contre leurs maîtres, sous prétexte qu'on ne pouvoit avoir autrement des preuves des délits qu'on leur imputoit, on crut que toutes les fois que la même raison se rencontreroit, on pourroit ouïr en témoignage tous ceux que dans d'autres cas la loi regardoit comme suspects. On les appela *témoins nécessaires*, parce qu'on étoit nécessité de recourir à leur témoignage.

Voici, Monsieur, une comparaison bien juste, & qui vous donnera une idée exacte des témoins nécessaires, & de la confiance que l'on doit avoir en eux. Il est des tems dans l'histoire, tant ancienne que moderne, dont il n'existe aucun historien contemporain, ou dont les faits ne nous ont été transmis que par des écrivains, que l'intérêt ou la flatterie ont porté à déguiser la vérité. Le président Hénaut, par exemple, dans ses remarques sur la seconde race, observe qu'il n'y a rien de si suspect que ce qui a été écrit sous le commencement de cette race, touchant les événemens de la première. C'étoient, dit-il, tous historiens dévoués à la maison règnante, & qui, en cherchant à en justifier l'usurpation, ne craignoient pas d'incriminer les derniers rejetons de la race mérovingienne. Supposons à présent qu'il n'y eut pas d'autres historiens que ceux-là, de la postérité de Clovis, nous serions bien forcés de nous en rapporter à eux pour l'histoire des tems qui la concernent; ce seroient des témoins nécessaires. Mais comme nous aurions des raisons pour nous méfier de leur véracité, nous ne serions pas autant assurés de la certitude des faits qu'ils nous rapporteroient, que nous le serions de ceux qui nous seroient attestés par des écrivains sur l'impartialité desquels nous ne saurions élever aucun doute raisonnable.

Il est donc vrai de dire, qu'un témoin nécessaire est un témoin suspect. La nécessité où l'on est de recourir à un témoignage, n'ajoute rien à sa force ou à sa solidité. Elle ne purge pas les soupçons qui s'élèvent contre le témoin, & que la loi elle-même a reconnus. Elle augmente, au contraire, les dangers & les inconvéviens de ces témoignages, en ôtant à ceux qui les portent la crainte d'être contredits par des témoignages contraires.

Les conséquences que les criminalistes ont tirées de cette doctrine sont monstrueuses comme elle. Les témoignages néceſſaires doivent être rejetés ſelon eux, s'il s'agit d'une accuſation légère. Mais on y ajoutera foi dans les accuſations graves. Ainſi tel témoin, qu'on n'écouteroit pas s'il étoit queſtion du plus léger intérêt civil, doit l'être quand il s'agit de la liberté, de l'honneur, de la vie. Sa déposition doit même influer ſur le jugement qui en décide. A-t-on jamais rien vu de plus abſurde & de plus révoltant?

La néceſſité de punir le crime, vous diſent gravement les juriſconſultes, l'emporte ſur toutes les autres conſidérations. Mais ſi en admettant des témoins ſuſpects, ſi en choiſiſſant vos preuves inconſidérément & au haſard, vous faites périr un innocent, le crime ſera-t-il moins impuni? Vous en commettrez un nouveau, qui excuſera peut-être le premier. Si les témoins néceſſaires ſont des témoins valables, pourquoi ne pas les admettre dans toutes les cauſes? S'ils ſont ſuſpects, pourquoi ne pas les rejeter, ſur-tout dans les plus importantes? Pourquoi ſoutenir que dans ces dernières la dépoſition de deux témoins néceſſaires, qui ſeroit à peine un indice, forme une preuve complète? On n'eſt pas ſi ſévère à l'inquiſition, où deux témoins néceſſaires, s'ils ne ſont appuyés par des indices, ne prouvent rien.

Me direz-vous encore, qu'une loi qui exigeroit une preuve trop forte ou trop multipliée, ſeroit dangereuſe & oppoſée à la sûreté publique. Mais une loi qui ſe contenteroit d'une preuve légère le ſeroit bien davantage. S'il me faut périr d'une manière tragique, j'aime bien mieux que ce ſoit des mains de l'aſſaſſin, que de celles de l'infâme; j'aurai du moins le pouvoir de me défendre, & je ne mourrai pas déshonoré.

Qu'on ne vienne pas à préſent m'alarmer ſur le danger auquel on ſeroit expoſé, d'être attaqué dans ſa propre maiſon, ou dans un lieu écarté, ſans pouvoir obtenir vengeance de la violence qu'on auroit éprouvée, ſi l'on rejetoit la preuve qui réſulte de la dépoſition des témoins néceſſaires. Je ne ſais ſi ce danger ne ſeroit pas égal, en admettant cette preuve. Car le vrai moyen de montrer la frivolité de toutes ces hypothèſes, c'eſt d'en prendre le contrepied. Ainſi j'irai dans une maiſon pour des affaires d'intérêt, pour réclamer le payement d'un billet, d'une dette. La confiance & la bonne foi m'y conduiront.

Tout-à-coup la famille entière complotera de m'enlever mon obligation, ou de me forcer à faire une quittance. Je résiste ; elle crie au secours, & m'accuse d'être entré dans la maison pour voler ou pour assassiner. Ce sont tous des témoins nécessaires. Ils déposent, & je suis conduit à l'échafaud. La doctrine des témoins nécessaires rendroit plus commode & moins périlleux le métier des brigands. Au lieu d'aller guetter les gens sur les grands chemins, ils les attendroient avec beaucoup plus de sûreté & beaucoup moins de danger dans leurs maisons. On peut dire la même chose des délits qui seroient commis dans les lieux écartés. Les auteurs de la violence, s'ils étoient au nombre de deux seulement, pourroient faire punir encore ceux sur qui ils l'auroient exercée.

Vous voyez à présent, Monsieur, ce que sont des témoins nécessaires, & d'où cette invention est venue. C'est l'ingénieux Tibère qui en est l'auteur. Le despotisme des Prêtres, aussi hardi & aussi entreprenant que le sien, ne manque pas de l'adopter dans son tribunal de l'inquisition. Tous témoins y sont bons, parens, amis, domestiques, parjures, infâmes. L'hérésie eſt un crime qui ſe commet ſecrettement, dans l'intérieur des maiſons. Comment en auroit-on la preuve, ſi l'on n'avoit recours à des témoins néceſſaires ?

Mais ce qui accroît, ce qui fait même tout le danger de l'admiſſion des témoins néceſſaires, à l'inquiſition comme chez nous, c'eſt que l'accuſé y eſt en quelque ſorte privé des droits de la défenſe naturelle; c'eſt qu'on le met dans l'impuiſſance de ſe juſtifier, en l'empêchant de faire ouïr des témoins de ſon côté, & de contredire ceux qu'on lui oppoſe. Car, s'il jouiſſoit de ce droit qu'il avoit dans toutes les légiſlations anciennes, & qu'aucune des modernes, à l'exception de la nôtre, ne lui refuſe pas, il n'y auroit pas un grand inconvénient à admettre en témoignage tous ceux qu'on croiroit être inſtruits du fait, dont on voudroit s'aſſurer, ſi l'on en excepte néanmoins les parens, à qui des convenances ſacrées interdiſent ce miniſtère. Les dépoſitions d'un aſſocié, d'un domeſtique, d'un enfant, d'un homme peu réglé dans ſes mœurs ne décideroient à la vérité de rien : ſeules elles ne pourroient déterminer une condamnation, mais elles pourroient donner des lumières; &

comme la certitude se forme de la corélation de toutes les circonstances d'un fait, ces dépositions, rapprochées de ces circonstances, acquerroient peut-être une force, qu'elles ne sauroient avoir quand elles sont isolées. C'est là l'usage de bien des peuples ; c'est le sentiment de plusieurs philosophes.

Mais, pour s'assurer des vraies circonstances d'un fait, on ne doit établir aucune règle qui puisse les altérer, ou les empêcher de paroître dans leur véritable jour. Ainsi, quand un fait est avancé par une personne, & contredit par une autre, il faut en donnant à la première les moyens de prouver son assertion, que vous laissiez également à l'autre la liberté de justifier la sienne. C'est en cela que consiste principalement la défense naturelle, parce que, comme je vous l'ai fait voir plus haut, un des moyens les plus efficaces de découvrir la vérité, ce sont les témoignages contraires. C'est de leur accord, souvent même de leur opposition qu'on la voit ressortir. Si vous voulez connoître les vraies forces de deux hommes en les faisant combattre ensemble, il ne faut pas commencer par lier à un d'eux les mains

& les pieds. Dans cet état, l'effort le plus foible suffira pour le renverser; mais vous serez plutôt tenté d'attribuer sa défaite à l'état de foiblesse où vous l'aurez réduit, qu'à la supériorité des forces de son adversaire. C'est là une image exacte de la situation d'un accusé dans notre forme de procéder. Il ne peut rien pour sa défense, tandis qu'on peut tout pour l'attaquer. L'on n'entend que les témoins produits par son accusateur, tandis qu'on lui prohibe sévèrement d'en produire aucun de son côté; & ce moyen de défense, que les loix lui accordent dans la cause civile la plus modique, lui est enlevé quand il s'agit de sa liberté, de son honneur, de sa vie. Aussi l'innocence la plus assurée ne combat qu'avec la plus grande inégalité dans cette espèce de lutte; & si elle vient malheureusement à succomber, c'est moins la force des preuves de l'accusateur, qui est la cause de sa chûte, que l'impuissance où on l'a mise de les détruire.

S'il étoit permis à un accusé de repousser à armes égales les coups qu'on veut lui porter, son sort seroit moins rigoureux, quelques témoins que l'on produisit contre lui; fit-on même sortir pour cet usage le délateur des ténèbres où il s'enveloppe. C'est la sévérité de la procédure contre l'accusé, qui a obligé de faire un choix parmi les témoins, & qui donne lieu à toutes les difficultés embarrassantes que ce choix fait naître à chaque instant. On entasse loix sur loix pour y remédier, & ces loix ne servent souvent qu'à les accroître. On en voit un exemple dans les questions que nous venons de traiter. Si l'on vouloit établir à ce sujet des règles invariables, on rencontreroit de part & d'autre de grands inconvéniens. Car, soit qu'on décidât qu'on ajouteroit une pleine & entière foi à la déposition du plaignant, du dénonciateur ou des témoins nécessaires, soit qu'on décidât qu'on n'y auroit aucun égard, on seroit toujours exposé ou à condamner l'innocence, ou à assurer l'impunité au crime. Concluons donc, comme nous avons commencé, qu'on ne doit pas s'en rapporter à une seule espèce de preuve; mais les réunir toutes s'il est possible; & pour s'assurer de leur intégrité, en laissant la liberté de l'attaque, laisser en même tems celle de la défense. C'est là le vrai, l'unique chemin pour parvenir à la découverte de la vérité.

Je crois avoir, Monſieur, rempli ma tâche, & vous avoir donné une idée de la preuve, de la certitude, & des moyens qui ont été donnés à l'eſprit de l'homme pour ſe la procurer. Les règles qu'il ſuit pour cela ſont conformes à ſa nature, à la foibleſſe & aux bornes de ſes connoiſſances. C'eſt ſur ces règles immuables que les législateurs de l'antiquité s'étoient fondés; c'eſt d'après elles qu'ils avoient établi leurs loix; mais les nôtres n'ont pas été auſſi ſages : leurs loix ne portent que ſur une baze mobile, étrangère ſouvent à la nature de l'homme. Elles ne ſe ſont uniquement occupées que des formes extérieures de la preuve, qui ne contribuent preſqu'en rien à ſa certitude & à ſa pureté intrinsèques. Nous n'en citerons qu'un exemple. " Le défaut de ferment, dit M. d'Agueſſeau, dans ceux qui doivent le prêter dans la juſtice criminelle, eſt une nullité eſſentielle, un vice radical, qui ne permet pas de tirer aucune induction de tout ce qu'ils ont dit ou fait (1) ". Auſſi autrefois

(1) *Plaidoyer.* 51.

autrefois l'accusateur, aujourd'hui encore le juge, le greffier, les témoins, l'accusé même sont tenus de prêter serment. Dès qu'ils ont rempli cette cérémonie, on les regarde presque comme impeccables. Ce sont autant là d'usages anciens, que nous avons dénaturés en les adoptant. L'accusateur à Athènes, avant de déduire ses griefs, s'engageoit par serment à dire la vérité. Pour rendre le serment plus sacré encore, & par conséquent plus redoutable, on faisoit asseoir celui qui en prononçoit la formule sur les restes sanglans des victimes égorgées, & offertes à certains jours marqués par ceux à qui il appartenoit de les immoler. L'accusateur faisoit alors d'affreuses imprécations sur lui-même, sur sa famille, sur sa ville, sur sa patrie entière, s'il ne disoit la vérité; il conjuroit les Euménides d'étendre leur courroux sur eux tous, & de venger sur le repos public l'horreur de son parjure. Ce préliminaire terrible étoit suivi du détail de l'accusation, à laquelle on opposoit une réponse, précédée d'un pareil serment.

Cette effrayante cérémonie devoit faire sans doute la plus vive impression sur l'esprit superstitieux, & l'imagination si senſible des Grecs ; cependant, comme bien des gens étoient capables de courir les riſques des anathêmes qu'ils avoient prononcés ſur eux-mêmes, & d'attendre, ſans trop d'inquiétude, qu'il plût aux Euménides de faire éclater leur colère, il ne ſuffiſoit pas à Athènes de jurer pour être cru ; il falloit appuyer l'accuſation & la défenſe de preuves démonſtratives (1).

Le ferment étoit auſſi accompagné autrefois chez nous de formes & de cérémonies extraordinaires, par leſquelles on croyoit intimider les parjures. Peu à peu elles ſont tombées en oubli, peut-être à cauſe de leur inutilité ; on ſe contente aujourd'hui de faire faire un mouvement de la main à celui qui prête ſerment. Mais de quoi cela peut-il être garant? Je croirois plutôt Caton ſans ſerment, que Catilina, prenant à témoin tous les dieux, de la vérité de ce qu'il me diroit. Les Quakers ne font jamais de ſerment. Ils le croyent inutile pour les honnêtes gens

(1) *Recherches ſur l'aréopage, par Mr. l'abbé de Canaye, dans les Mémoires de littérature. Tome 10, in-12.*

comme pour les méchans (1). Il n'y a que quelques siècles que l'accusateur, à l'exemple des Grecs & des Romains, prêtoit le serment de calomnie. Nous l'avons aboli, parce que l'expérience avoit appris qu'il n'empêchoit jamais aucune calomnie, & nous l'avons laissé subsister pour l'accusé, qui a un bien plus grand intérêt de mentir que l'accusateur. Tout n'est chez nous, Monsieur, que contradiction. Vous en verrez bien d'autres preuves dans la suite.

Je suis, &c.

---

(1) L'archiduc de Toscane a beaucoup restreint l'usage du serment, dans sa Nouvelle Loi Criminelle.

# LETTRE IV.

*Sur les inconvéniens de notre procédure criminelle.*

VOUS paroiſſez ſatisfait, Monſieur, de mes trois premières lettres. Vous ſavez à quoi vous en tenir à préſent ſur l'origine de notre procédure criminelle, que vous trouvez tout-à-fait digne de la ſource d'où elle eſt ſortie. Mais ce qui vous paſſe, ce que vous ne ſauriez concevoir, c'eſt que la France, qui a paru de tous les tems ſi ennemie des prétentions ultramontaines, qui fait ſonner ſi haut les libertés de ſon égliſe; que ſes magiſtrats, qui ſe ſont toujours diſtingués par leur zèle à en maintenir les maximes, aient adopté ce que le deſpotiſme ſacerdotal a imaginé de plus dur & de plus tyrannique; & que quelques-uns d'entr'eux ſemblent même attacher à ſa conſervation celle de la sûreté publique. Je vous l'ai déjà dit, Monſieur; tout n'eſt que contradiction en ce monde. Il n'eſt rien de plus rare que de voir les gouvernemens, même réputés les plus ſages, ſe conduire par les ſeules inſpirations de la raiſon. L'habitude, la routine, les préjugés ſouvent abſurdes & contradictoires; voilà ce qui gouverne l'univers. Cependant, quoique votre imagination vous dépeigne d'avance tous les inconvéniens de la procédure monſtrueuſe que nous ſuivons; tous les abus, tous les moyens d'oppreſſion qu'elle facilite; vous voulez abſolument en avoir un tableau de ma façon. Vous voulez que je vous préſente dans la pratique ces loix, dont je ne vous ai montré juſques ici que la théorie.

J'aurai d'autant moins de peine à contenter votre empreſſement, que depuis quelques jours cette matière eſt le ſujet continuel de mes converſations. Nous avons dans notre voiſinage Mr. de..... préſident au parlement de.... magiſtrat, qui paſſe pour éclairé & qui joue un grand rôle dans ſon corps. C'eſt un homme intègre, judicieux, à la vérité, mais brûlant de zèle pour les prérogatives de la magiſtrature, pour le maintien des loix exiſtantes, qu'il regarde preſque comme en faiſant partie. Il étoit ſouvent queſtion chez lui de notre procédure criminelle. La plupart de ceux qui fréquentent son château, étoient toujours de son avis, ou par défaut de lumières sur ce sujet, ou par des égards mal-entendus pour le rang de Mr. le président. Mr. de...., notre ami, qui s'y trouvoit quelquefois, fut choqué de lui voir remporter des victoires, qu'il croyoit peu méritées; & comme il sait que je m'occupe de ces matières, & que je dis mon avis avec assez de franchise, il me proposa un jour de m'y mener. Il m'avoit déjà annoncé. Nous y fûmes donc. Après les complimens d'usage, Mr. de.... amena insensiblement la conversation sur nos loix criminelles. Comme tout cela est encore frais dans ma mémoire, je vais vous en rendre ce qu'elle en a conservé.

M. le président ne manqua pas de les exalter, d'en faire l'apologie. Il disoit que chercher à toucher à nos loix, ce seroit renverser le système social; que les changemens dans les systêmes politiques, que le laps de plusieurs siècles a affermis, sont toujours inutiles, & souvent même dangereux; & toutes ces trivialités, que les esprits timides opposent toujours aux innovations les plus nécessaires. L'édifice de nos loix criminelles, ajoutoit-il, présente un plan régulier, solide, distribué avec sagesse. On est forcé, quand on l'a examiné avec l'attention qu'il mérite, d'admirer l'économie de l'ouvrage. Elle est le fruit de la réflexion la plus suivie, des connoissances les plus étendues, & de l'expérience la plus consommée. J'avois écouté jusques-là avec patience Monsieur le Président. Mais à ces mots je ne pus m'empêcher de l'interrompre. Le grand inquisiteur, lui dis-je, peut en dire autant de la procédure de son tribunal. Elle est le fruit de la réflexion la plus suivie, de l'expérience la plus consommée. On a travaillé pendant vingt siècles à la perfectionner. Tibère avoit commencé. Boniface VIII reprit son ouvrage. Ensuite vint le chancelier Poyet. Les esprits étoient tellement fascinés, que ce fut dans le grand siècle de Louis XIV qu'on l'acheva, malgré les réclamations des magistrats vertueux & éclairés (1).

Que dites-vous là, Monsieur, repartit vivement Mr. le Président. Comparer le temple de la justice aux tribunaux de l'in-

---

(1) Voyez les Observations de Mr. le président de Lamoignon. *Procès verbal*, 1670, *pag.* 156. 158.

quisition ; quel blasphême! Ce ne sont point les tribunaux que je compare, lui répondis-je ; c'est la manière de procéder en matière criminelle ; elle est parfaitement semblable. C'est ce que personne ne vous accordera, me dit-il alors ; l'inquisition a toujours été réprimée ou proscrite par les parlemens. Je le sais bien, lui répondis-je ; & c'est même une des grandes obligations que la France a à ces illustres compagnies. Mais en chassant l'inquisition, on conserva ce qu'elle a de plus odieux, c'est-à-dire, ses formes.

Mr. le Président étoit révolté de ma proposition. Il la regardoit comme un paradoxe des plus étranges, comme une insulte faite aux loix & à la magistrature. Heureusement il avoit chez lui une petite bibliothèque de campagne, assez bien fournie de livres d'histoire & de jurisprudence. Je lui fis passer sous les yeux toutes les preuves de ce que j'ai avancé dans ma première lettre. Elles l'accablèrent. Il fut enfin obligé de me dire, que si l'inquisition avoit excité un soulèvement si général, c'étoit moins à cause des formes qu'on y suit, que par rapport aux délits dont elle connoît. D'ailleurs, ajouta-t-il, quel que ſoit le genre d'inſtruction dans une affaire criminelle, la forme en eſt aſſez indifférente, pourvu qu'elle ſoit connue, & toujours invariable; pourvu que la force des preuves ne puiſſe en être altérée, ni les moyens de défenſe enlevés aux accuſés ; pourvu enfin que celui qui fait l'inſtruction ait toujours une marche tracée par la loi, dont il ne lui ſoit pas permis de s'écarter ; tout ceci, lui dis-je, a beſoin d'explication. La procédure de l'inquiſition a toujours été regardée comme un chef-d'œuvre d'oppreſſion ; ſes formes comme le plus terrible inſtrument de tyrannie que le deſpotiſme ait imaginé. Elles ſont encore la terreur & l'effroi des infortunés qui ont le malheur de vivre ſous ſon empire. On ne redoute tant d'être traduit à ſes tribunaux, qu'à cauſe de la ſévérité des règles qu'on y ſuit, & de l'arbitraire de ſes jugemens.

Je conviendrai cependant avec vous, qu'il ſeroit très-indifférent, que l'on ſuivît dans les procédures criminelles une forme plutôt qu'une autre, ſi les preuves n'en étoient point altérées, & ſi les moyens de défenſe n'étoient point enlevés aux accuſés. Mais parmi tant de formes diverſes, il n'y en a peut-être pas deux qui réuniſſent à un degré égal ces qualités eſſentielles à une procédure équitable. Celle que nous ſuivons eſt particulière à l'inquiſition & à nous; d'où il s'enſuit qu'il faut que tout l'univers ſoit dans l'erreur à cet égard, ou qu'il n'y ait que les législateurs de l'inquiſition & les nôtres, qui aient ſu trouver le droit chemin de la vérité. Que la marche de la procédure ſoit tracée par la loi; que les règles en ſoient connues; qu'importe cela à l'intégrité de la preuve? La marche de l'inquiſition n'eſt-elle pas invariable? Le code des loix de ce tribunal n'eſt-il pas dans les mains de tout le monde? Ces réflexions ne ſont-elles pas applicables aux règles de notre procédure criminelle? Cela empêche-t-il qu'elle ne prête la main à une infinité d'abus? Qu'elle ne fourniſſe les moyens d'altérer la vérité au gré de l'accuſateur, des témoins, ou du juge chargé de faire l'inſtruction?

Mr. le préſident ne ſe défendoit que par des raiſons vagues, & qui n'aboutiſſoient à rien. Je l'arrêtai alors. Il ne faut point ici, Monſieur, lui dis-je, des diſputes de mots. Fixons nos idées & les objets de nos diſcuſſions. La preuve dans les matières criminelles eſt compoſée des indices qui réſultent des circonſtances du fait, & des dépositions des témoins. Ces indices sont constatés, ou par les procès verbaux des juges, ou bien encore par des témoins. La vérité peut être altérée de mille manières, soit dans la rédaction des dépositions, soit dans celle des procès verbaux. Les témoins peuvent être ou trompés ou trompeurs, séduits par leur crédulité, séducteurs par leur prévarication. Un juge peut par ignorance, par inattention, par affectation même, soit pour favoriser l'accusé ou l'accusateur, ne pas bien saisir les traces d'un délit, ne pas rédiger fidèlement les dépositions des témoins. Or, le systême de notre procédure criminelle, & sur-tout le secret qui en est la baze, comme de celle de l'inquisition, facilite d'autant plus toutes les espèces de prévarication, qu'il en rend la preuve impossible, & par conséquent l'impunité assurée.

Sans doute, me dit Mr. le président, le secret est la baze de notre procédure. Toutes les preuves s'évanouissent aussi-tôt qu'elles sont découvertes. Le silence, l'obscurité est en cette matière la seule garde fidèle, & le seul dépositaire incorruptible de la vérité. Ce n'est pas moi, ajouta-t-il, qui dis cela. Ce sont les propres expressions de Mr. d'Aguesseau. J'en suis fâché, lui dis-je, mais une autorité, quelque grave qu'elle soit, ne m'en impose jamais, lorsqu'elle est opposée à la raison & à l'expérience de tous les siècles. Ceci ne prouve autre chose, sinon combien est grande la force de l'usage, de l'habitude & des préjugés, puisqu'elle exerce son empire sur les meilleurs esprits. Je vous assure que je ne saurois comprendre comment des preuves peuvent s'évanouir aussi-tôt qu'elles sont découvertes? Cela me paroît tout-à-fait vuide de sens. Bien loin que le secret & l'obscurité soient les gardes les plus fidèles de la vérité, je pense au contraire qu'ils ne peuvent être que ceux de la fraude & du mensonge. Supposez, Monsieur, deux monumens, dont l'un aura toujours été public, exposé à la vue de tout le monde, soumis à la censure même de ceux dont il contrarieroit les prétentions; & dont l'autre aura été soigneusement enseveli dans les ténèbres & l'obscurité, confié à la garde d'un petit nombre de personnes, & dérobé à la connoissance de ceux qui avoient intérêt à le contredire. Auquel de ces deux monumens ajouteriez-vous le plus de foi? N'êtes-vous pas assuré que le premier ait toujours demeuré dans son intégrité primitive ? Qui vous répondra que le dépositaire du second ne l'ait point tronqué ou altéré ? L'obscurité favorise le crime, parce qu'elle en est la sauvegarde ; la lumière l'arrête, parce qu'elle le dévoile. Nier de telles vérités, c'est entreprendre de nier l'évidence même. L'exécrable Néron, familiarisé avec tous les forfaits, cherchoit encore le secret pour commettre le plus grand de tous, pour égorger sa mère ( 1 ).

Pour revenir donc à notre sujet, parcourons toutes les parties de la preuve en matière criminelle, & vous verrez quelle merveilleuse facilité le secret, & toutes les autres règles de notre procédure, fournissent pour altérer la vérité. Qui empêchera d'abord un juge d'insérer tout ce qu'il voudra dans le procès verbal du corps de délit ; d'en aggraver les circonstances s'il veut nuire à l'accusé, de les affoiblir s'il veut le favoriser ? L'ignorance, au défaut de la prévarication, ne peut-elle pas faire la même chose ? Cette piéce demeure secrette. On n'en donne jamais connoissance à l'ac-

(1) *Tacit. Ann. IV.* 54.

cuſé, ainſi que du rapport du chirurgien, lorſqu'il y en a un. Dans les villages, c'eſt ſouvent le juge lui-même qui dreſſe ce rapport. Il y a une eſpèce de formule pour cela, que le chirurgien ou le charlatan qui ſe donne pour tel, ne fait que ſigner. Ce ſont cependant les erreurs, les ſuppoſitions des procès verbaux qui firent martyriſer dans le ſiècle dernier Langlade & le Brun, qui faillirent conduire à l'échafaud la Dame de la Pivardière; ce ſont celles des rapports des chirurgiens, qui de nos jours ont coûté la vie aux infortunés Calas & Montbailly. Je cite ces exemples comme les plus connus. Quelle infinité d'autres ne pourrois-je pas y ajouter? Croyez-vous, Monſieur, que ſi ces procès verbaux, ſi ces rapports avoient été faits publiquement, en préſence de témoins; que s'ils avoient été ſoumis à la contradiction des accuſés; croyez-vous, dis-je, que ces aventures tragiques, la honte de nos loix, & l'effroi de tous les citoyens, euſſent ſouillé les annales de la juſtice? Voilà, Monſieur, les grands avantages du ſecret; voilà comment il eſt la garde la plus fidèle de la vérité. Quelle vérité, grand Dieu! Que les effets en ont été cruels & terribles! Quel inconvénient y avoit-il qu'un procès verbal, qu'un rapport de chirurgien, qui ne font que constater le délit, qui n'accusent même personne, fussent des pièces publiques ?

En recevant les dépositions des témoins, le juge ne peut-il pas les intimider, les séduire pour les faire déposer à son gré ? Sans montrer même ouvertement sa partialité, ne peut-il pas dans la rédaction des dépositions, modifier les expressions, omettre des circonstances ? Le commentateur Bornier vous attestera, que bien des juges en usent ainsi, quand ils veulent complaire à l'accusateur ( 1 ). Nous défendons à la vérité au juge d'interroger les témoins. Il n'y a cependant point de bon juge, disoit M. d'Aguesseau, qui ne les interroge ; toute la faute est de l'écrire ( 2 ). Mais dès que l'on reconnoît la nécessité où est le juge d'interroger les témoins, il vaudroit bien mieux l'obliger de mettre ses interrogations par écrit, que de le forcer à les supprimer. Car ce n'est plus la déposition du témoin que nous voyons ; « c'est, dit Ayrault, l'artifice d'un sergent, d'un

( 1 ) *Sur L'aut. 10. du tit. 6. de 1670.*

( 2 ) *Plaid. 51.*

enquêteur, d'un examinateur, ( tous ces gens de son tems prenoient les informations ); voir du juge même s'il l'a reçue, lesquels font parler les témoins comme il leur semble ». Voyez, Monsieur, le passage en entier de cet auteur, qui étoit un homme éclairé & judicieux, & de plus très-exercé dans les matières que nous traitons en ce moment. « N'y eut-il rien, ajoute-t-il, qu'on pût reprendre dans les informations, il y a toujours grande différence aux termes : & la première grace dont a usé le témoin en déposant n'y est plus, quand nous venons à nos recolemens & confrontations ordinaires. J'ai souventefois ouï dire au feu sieur Lieutenant-général, à ce siège, homme bien avisé, que les témoins ressembloient aux cloches; tout ainsi qu'on leur fait dire tout ce qu'on veut. Ainsi le témoin, selon qu'il est examiné, & selon les termes dont on orne & habille son dire, charge ou décharge (1) ».

Tout cela ne peut-il pas s'appliquer aux interrogatoires de l'accusé. Quand celui-ci est illitéré, le juge n'est-il pas le maître d'y insérer

(1) *Ordr. jud. pag.* 346.

inférer ce qu'il veut, d'en ſuppoſer même un en entier ? A vous entendre, me dit Mr. le Préſident en m'interrompant, tous les juges ſont des prévaricateurs, des hommes injuſtes, protecteurs du crime & ennemis de l'innocence. Je ne dis pas cela répondis-je; il y a des juges très-gens de bien, très-éclairés. Mais qu'ils le ſoient tous ; c'eſt ce dont je ne ſaurois convenir. Il faut cependant que cela ſoit ainſi, que tous nos juges ſoit ſupérieurs, ſoit ſubalternes, ſoient des hommes parfaits, à l'épreuve de toutes les paſſions humaines, autrement le ſyſtême de l'ordonnance criminelle, qui porte ſur cette perfection chimérique, ne vaut rien. Je ſerois d'autant plus ſurpris qu'un membre d'une cour ſouveraine voulût me ſoutenir le contraire, que les parlemens rétentiſſent ſans ceſſe des plaintes des prévarications que commettent journellement les juges ſubalternes. Il peut ſans doute y en avoir de mal fondées; mais il ſeroit auſſi abſurde de ſuppoſer qu'elles le ſont toutes, que de ſoutenir qu'il n'y en a aûcune. Nous ſerions bien démentis par le procès verbal de l'ordonnance, de cette loi, qui a laiſſé la défenſe d'un malheureux accuſé *à la religion & à la conſcience des juges*. Je l'apperçois dans votre bibliothèque. Ouvrez-le, vous verrez dans un endroit que Mr. Pussort, « tout en disant qu'on pouvoit se représenter un juge si vertueux & si parfait qu'il suffiroit pour toute précaution, de charger son honneur & sa conscience de l'exécution de la loi, sans ajouter d'autres peines; qu'il en connoissoit même quelques-uns, qu'il croyoit être parvenus à ce haut degré de perfection; » il ajoutoit ensuite, « que ce seroit la plus étrange & la plus dangereuse des erreurs, de croire qu'ils fussent tous également parfaits, puisque nous voyons tous les jours le contraire (1) ». Dans un autre endroit, il est dit encore, « que l'ordonnance de Moulins, composée sur les mémoires des principaux officiers du parlement, avoit eu assez mauvaise opinion des juges, pour les croire capables de commettre des abus en la confection des procès criminels, & d'avoir eu assez de bassesse pour avoir pu prendre le dessein, en faisant des fautes, de procurer l'impunité aux accusés. Que la même ordonnance a été persuadée, que les motifs

(1) *page* 510.

d'honneur & de conſcience n'étoient pas des barrières aſſez fortes pour les retenir, &c. ( 1 ) ». L'ordonnance même de 1559, la première qui ait fait une loi générale de la procédure de l'inquiſition, renferme encore des plaintes ſur les prévarications des juges ſubalternes, qu'elle devoit néceſſairement accroître par l'autorité preſque arbitraire qu'elle alloit leur accorder ( 2 ). L'inconſéquence de nos loix ſe montre de par-tout. Pourquoi tant de méfiance d'un côté, ou tant de confiance de l'autre ?

Certes, l'expérience de tous les tems a démontré l'exactitude & la vérité du jugement que les rédacteurs du procès verbal de l'ordonnance ont porté ſur les juges ſubalternes. Je ne vous citerai point l'exemple récent de ceux du reſſort du parlement de Toulouſe, dont il eſt parlé dans le mémoire des trois accuſés de Chaumont, & qui s'étoient permis de tronquer & d'ajouter à la groſſe d'une procédure; n'y eut-il que celui de l'affaire de la Pivardière, il feroit ſeul une preuve de tous

( 1 ) *page* 515.
( 2 ) *Voyez l'article* 143.

les excès auxquels des juges prévaricateurs peuvent se porter, des facilités que nos loix leur donnent pour les commettre, & des difficultés que l'on trouve pour les dévoiler & en obtenir réparation. Non contens d'avoir constaté par un procès verbal des traces d'un délit qui n'existoit pas, les juges de l'affaire de la Pivardière avoient encore séduit deux jeunes servantes à qui ils avoient fait dire tout ce qu'ils avoient voulu. Ils avoient étendu leur séduction jusques sur une fille de la Dame de la Pivardière, & abusant de la foiblesse de son âge, ils lui avoient fait déposer avoir entendu les cris de son père, expirant sous les coups d'une épouse cruelle. Les barbares! c'étoit de la main de son enfant qu'ils vouloient égorger la mère. Lisez, Monsieur, les beaux plaidoyers de Mr. d'Aguesseau dans cette étonnante affaire, & sur-tout ce que l'on en dit dans les nouvelles causes célèbres; considérez bien toutes les peines qu'eurent les accusés pour dévoiler l'iniquité de leurs juges; que tout leur embarras venoit de la loi, qui au lieu d'accourir au secours de l'innocence, sembloit faire naître à chaque instant de nouveaux obstacles à sa justification; &

dites ensuite s'il fut jamais une procédure plus tyrannique, plus inconséquente, plus oppressive que la nôtre? Combien de prévarications ne demeurent pas ensevelies dans les lieux où elles ont été commises, soit parce que le secret qui les enveloppe empêche qu'on ne les apperçoive bien clairement; soit encore par la pauvreté & l'impuissance où est de se défendre le malheureux qui en a été l'objet ou la victime!

On trouveroit des exemples pareils, me dit alors Mr. le Président, dans tous les pays. Par-tout, il y a des juges prévaricateurs, comme il y a des méchans, comme il y a des gens de bien. A la bonne heure, répondis-je, mais non pas en si grand nombre. La loi, du moins dans les administrations bien réglées, s'attache à prévenir les abus, & non à les favoriser, en les couvrant du voile perfide du secret. Voyez encore comment, avec son secours, on vient à bout de séduire les témoins, & d'empêcher même tout retour de leur part à la vérité. Dès la première tentative que l'on fait pour suborner un témoin, on commence par lui assurer, par lui promettre que son témoignage sera secret, qu'il ne paroîtra jamais. Il comparoît devant le juge seul avec son greffier. Il commence à croire qu'on lui tiendra parole. Il dépose donc. Faut-il être recolé, le témoin se trouve encore seul avec le juge & avec le greffier; il persiste dans sa déposition. Le moment de la confrontation arrive enfin; mais alors, l'ordonnance à la main, on dit au témoin; vous avez prêté deux sermens à la face de la justice, vous ne pouvez plus changer impunément. Que dis-je? si vous variez dans des circonstances essentielles, la loi veut que vous soyez poursuivi & puni comme faux témoin (1). La crainte force alors le témoin de persister dans son mensonge, même en la présence de l'accusé, & de cacher la séduction à laquelle il s'est abandonné, souvent plutôt par foiblesse que par corruption. Et c'est la loi elle-même, qui vient fermer la porte à un repentir qui auroit peut-être fait le salut de l'innocence.

Combien Mr. le président de Lamoignon avoit raison d'observer, « que quoiqu'il fût indubitable que le témoin qui changeoit sa déposition, ou qui varioit dans une cir-

---

(1) *1670. tit. XV. art. 2. & le proc. verbal pag. 178.*

conſtance qui tendoit à établir ou à affoiblir la preuve, devoit, généralement parlant, être regardé comme un faux témoin. Il étoit cependant dangereux d'en faire une loi ſi exacte, parce que quelquefois un accuſé peut redreſſer un témoin à la confrontation, en des circonſtances conſidérables, & le faire ſouvenir de la vérité d'un fait qui lui auroit échappé. Cela ſe peut faire quelquefois de bonne foi de la part de l'accuſé, & de la part des témoins; & c'eſt rendre la condition de l'accuſé bien plus mauvaiſe, ſi on oblige le témoin à ne point ſe retracter à la confrontation, à moins d'être traité comme criminel (1) ».

Avec quelle foibleſſe Mr. Puſſort combat ces réflexions ſi juſtes & ſi judicieuſes? Que ſa victoire eſt odieuſe! Cependant l'expédient que propoſoit M. de Lamoignon n'auroit obvié qu'imparfaitement aux inconvéniens qu'il craignoit avec tant de raiſon. Le ſeul moyen de les faire diſparoître entièrement, étoit de rétablir l'ancienne forme, ſuivant laquelle, lorſque

(1) *Procès verbal, page 178.*

l'accusé étoit détenu, le témoin étoit ouï en sa présence, & même en celle de tout le public. L'accusé avoit le droit d'interroger les témoins & l'accusateur; ceux-ci l'interrogeoient à leur tour. La vérité sortoit nécessairement du choc de ces interrogations réciproques; des disputes, des altercations qu'il y avoit entre les parties. Une demande imprévue pouvoit déranger tout un systême de calomnie. Le témoin n'avoit pas tant de tems pour méditer une fausseté. Il n'y étoit pas soutenu par deux dépositions secrettes, ni confirmé par une loi qui l'obligeât d'y persister, à peine d'être puni comme faussaire.

D'ailleurs, quel seroit le témoin qui oseroit céler & déguiser la vérité à la face de tout un public, prêt à le démentir? La publicité, quoiqu'on en dise, Monsieur, contient non-seulement les témoins, mais encore l'accusateur & le juge. Croyez-vous qu'on se hasardât d'avancer tant d'accusations calomnieuses, s'il falloit les soutenir publiquement & à la face de l'accusé. Il est aisé à des juges, qui seuls savent le secret d'un procès, d'en faire accroire aux parties & au public ce qui leur plaît; de pallier comme ils veulent leur injuſtice & leur partialité. Mais lorſque c'eſt en préſence même du public que le procès eſt inſtruit & décidé, alors il n'eſt plus poſſible de lui en impoſer. Il cite à ſon tribunal ſouverain & ſans appel ceux qui viennent de juger les autres. La crainte du blâme & de la cenſure eſt alors un frein pour les juges prévaricateurs. Vous voyez, Monſieur, que la publicité eſt un gardien plus fidèle & plus exact de la vérité que le ſecret. Elle eſt un obſtacle inſurmontable aux malverſations qu'il favoriſe. Il faut bien que la nation ſoit convaincue de cette vérité, puiſqu'on en voit les repréſentans demander avec inſtance qu'on rende public tout ce qui regarde l'adminiſtration des finances, comme le ſeul moyen d'en arrêter les déprédations.

Tous ces raiſonnemens embarraſſoient fort Mr. le Préſident. Il ne faiſoit plus que battre la campagne. Pour achever de le convaincre, après lui avoir prouvé que notre forme de procéder donnoit aux juges & aux témoins toute ſorte de moyens pour altérer la vérité; j'entrepris de lui faire voir encore que cette altération s'opéroit également par les entraves qu'elle avoit miſes aux défenſes des accuſés. Je vous rendrai compte de notre conférence fur ce fujet dans ma première lettre.

Je fuis, &c.

## LETTRE V.

*Continuation du même fujet.*

JE vous ai promis, Monfieur, la fuite de mes conférences avec Mr. le Préfident de.... La voici. La loi a, dis-je, non-feulement fourni au juge & aux témoins les moyens d'altérer la vérité, mais encore elle en a rendu la découverte plus difficile, en gênant de toutes les façons la défenfe des accufés. L'on voit en effet par les criminaliftes antérieurs à l'ordonnance de 1670, qu'au moins à la confrontation l'accufé avoit le droit d'interroger le témoin, autant qu'il le jugeoit néceffaire. Ce droit étoit d'autant plus précieux pour lui que le moment de la confrontation étant le feul où l'accufé puiffe conférer avec le témoin, ce n'eft qu'alors qu'il peut ou tirer de lui les éclairciffemens néceffaires pour fa juftification, ou le confondre, s'il a déposé faux. L'ordonnance a considérablement restreint ce droit par cette disposition, qui porte, « que si l'accusé remarque dans la déposition du témoin quelque contrariété ou quelque circonstance qui puisse éclaircir le fait, & justifier son innocence, il pourra requérir le juge d'interpeller le témoin de les reconnoître, sans pouvoir lui-même faire l'interpellation au témoin (1) ". Outre que l'ordonnance ne dit point que le juge sera obligé de faire toutes les interpellations proposées par l'accusé, qu'elle lui laisse la liberté de rejeter celles qu'il ne croira pas pertinentes, ainsi que l'assurent les commentateurs, & entre autres Jousse ; ce détour que l'accusé est obligé de faire, favorise extrêmement le témoin suborné, en lui donnant le tems de réfléchir & de préparer sa réponse, pendant que l'accusé fait sa réquisition au juge, que celui-ci la répète & la fait écrire.

Mr. le président convint que cette règle étoit un peu sévère; mais que l'utilité publique, la nécessité d'assurer la punition des crimes l'avoient fait établir. Livrez, ajou-

(1) 1670. *tit. XV. art.* 22.

ra-t-il, des témoins ſimples & honnêtes à un accuſé hardi & effronté; il les accablera de demandes imprévues. Bientôt ils ne ſauront plus par où paſſer. Ils tomberont dans des contradictions, qui affoibliront ou détruiront leur témoignage. Mais, ſuppoſez, lui dis-je auſſi, des témoins hardis & effrontés, qu'on mettra aux priſes avec un accuſé ſimple & timide, & abattu encore par ſa ſituation préſente; n'achèveront-ils pas de l'accabler? Quel inconvénient y auroit-il, que la véracité des témoins fût miſe à l'épreuve de pluſieurs demandes ſubites & imprévues? La preuve teſtimoniale n'eſt-elle pas aſſez incertaine, aſſez dangereuſe par elle-même, pour ne négliger aucun des moyens qui peuvent en diminuer l'incertitude & les dangers? Si les témoins pouſſés par l'accuſé tombent dans des contradictions, il ſera aiſé de voir par la manière dont ils en rendront raiſon, ſi c'eſt par inadvertance & ſimplicité, ou bien par aucune mauvaiſe intention de leur part. N'y a-t-il pas encore ici une inconſéquence dans nos loix? Vous mettez aux mains un accuſé que la vue de ſon danger préſent trouble & intimide, qui eſt ſouvent illitéré, & qui ſait à peine exprimer ſa pensée, avec un juge de sang-froid, exercé dans son métier, qui augmente encore son embarras par les questions subtiles & multipliées qu'il lui propose, par le ton qu'il prend à son égard, peut-être par les menaces qu'il ose se permettre, sans que la loi paroisse avoir beaucoup de sollicitude sur son compte, ni craindre qu'on lui surprenne des aveux, qui doivent souvent décider de sa vie ou de sa mort; & cette même loi semble redouter de mettre aux prises un accusé avec des témoins, qui n'ont qu'à raconter le fait d'autrui, & qu'aucune crainte personnelle ne trouble.

Mais celui qui est capable de commettre un crime, dit alors Mr. le président, doit l'être également de se défendre; qui a dit cela, lui répondis-je? ce sont, dit-il, les criminalistes; c'est tout-à-fait digne d'eux, dis-je alors; mais par la raison contraire, celui qui sera incapable de commettre un crime, le sera aussi de se défendre. Tout le danger sera donc pour l'innocence, & l'avantage pour le crime. C'est apparemment parce qu'on a cru que tous les accusés étoient coupables, qu'on les a si durement traités, & qu'on a su leur rendre si difficile la défense dont on les croit si capables. Je viens de parler de la manière dont on les oblige de faire aujourd'hui leurs interpellations aux témoins. Celle dont on veut qu'ils proposent leurs reproches contr'eux n'est pas moins digne de remarque.

Un accusé doit proposer tout de suite ses reproches contre les témoins, à mesure qu'on les lui présente à la confrontation, avant même d'avoir ouï la lecture de leur déposition. Il n'y seroit admis après qu'autant qu'il prouveroit ses reproches par écrit (1). Pour sentir tout ce que cela a de rigoureux & d'injuste, il faut se souvenir que c'est à la confrontation seulement que l'accusé apprend le nom de ceux qui ont déposé contre lui. Comment a-t-on pu exiger qu'un homme, qu'on tire subitement du cachot où il est enfermé, donne sur le champ des reproches contre les témoins qu'on lui présente? Il falloit donc aussi ordonner qu'on n'amèneroit jamais que des témoins parfaitement connus de l'accusé. Car, que peut-on dire sur le champ contre celui qu'on ne connoît point? Combien de gens encore que nous voyons

---

(1) 1670, *tit. XV. art.* 16.

journellement, & dont nous ignorons cependant les actions, les mœurs, les habitudes, les liaisons ? Et si l'accusé se trouve poursuivi dans un pays éloigné de son domicile, où il ne connoisse personne, comment pourra-t-il exécuter cette loi d'une dureté si révoltante ? Elle ne distingue aucun cas ; elle est générale pour tous. Si nous étions obligés de rendre compte sur le champ & incontinent de nos propres actions, peut-être éprouverions-nous de l'embarras ? Que doit-ce être lorsqu'il s'agit de rendre compte des actions d'autrui ? L'accusé saura-t-il dans le moment, si le témoin est corrompu ; s'il a sollicité contre lui ? Ses parens, ses amis, ses protecteurs pourront à peine le découvrir ; comment y parviendra-t-il en prison ?

C'est le chancelier Poyet, qui le premier transporta cette loi des tribunaux de l'inquisition dans notre jurisprudence. Mais la dureté de cette loi, dit un auteur presque contemporain, retomba enfin sur celui qui l'avoit suggérée au meilleur & au plus doux des princes. Dans le procès qu'on fit au chancelier Poyet après sa disgrace, on lui présenta un témoin très-connu de lui, & on le somma de donner sur le champ ſes reproches, l'avertiſſant que, ſuivant la loi qu'il avoit fait établir, il n'y ſeroit plus à tems, après avoir ouï la lecture de ſa dépoſition. Il fut, dit-on, conſterné de la ſévérité d'une telle loi ; & il fit ſupplier le Roi de l'adoucir à ſon égard, & de lui accorder quelque délai, pour réfléchir ſur les reproches qu'il auroit à propoſer. Vous trouverez, Monſieur, ce fait rapporté par du Luc dans ſon Recueil d'Arrêts. Il dit le tenir du témoin même. C'eſt à cette occaſion que cet auteur s'écrie, ſi cette loi n'eſt point abolie, quel eſt l'innocent qui pourra jamais ſe flatter d'échapper aux embuches d'un calomniateur ? Comment eſt-il poſſible qu'on donne ſur le champ des reproches contre quelqu'un qu'on ne connoît ſouvent ni de vue, ni de nom ? Et qui cependant, s'il étoit bien examiné, ſeroit peut-être trouvé très-indigne de porter témoignage ? Il ſeroit bien de l'équité du parlement de pourvoir à un abus ſi oppreſſif (1). Il exiſte cependant encore.

Mais qu'en arrive-t-il? L'accuſé reproche les

(1) *Arreſt. Lucic. Lib. 12. tit. 1. Cap. 11.*

les témoins à tort & à travers ; & sans savoir encore quelles charges il y a contre lui, il les injurie & leur oppose tous les reproches dont il peut s'aviser. La plupart même sont de style. Le vrai moment de proposer les reproches, c'est après la lecture de la déposition : car le reproche est une défense. La nature & la raison seules l'apprennent. J'ai vu souvent des accusés, à qui l'on demandoit s'ils n'avoient rien à reprocher aux témoins qui étoient en leur présence, ne répondre autre chose sinon ; que dirons-nous, puisque nous ignorons encore ce qu'ils ont dit eux-mêmes. Quelques efforts même que l'on fasse pour leur faire entendre l'ordonnance, la plupart ne peuvent comprendre ce que c'est que reproches. D'autres, & ce sont pour l'ordinaire les innocens, ne voulant rien avancer contre la vérité ou leur conscience, négligent de donner des reproches avant la lecture de la déposition du témoin, & se trouvent par-là dupes de leur droiture & de leur bonne foi. Nos loix, Monsieur, semblent un piége continuel, tendu à la simplicité & à l'innocence. L'artifice le plus consommé peut à peine y échapper.

La défenſe qu'on a faite à l'accuſé de produire des témoins de ſon côté, eſt auſſi un des grands vices de notre procédure, qui contribuent à altérer la vérité. La preuve eſt toujours ſuſpecte, tant qu'elle n'eſt compoſée que des témoins de l'accuſateur. La loi, en ne recevant que ceux-là, a preſque fait voir qu'il lui importoit peu de connoître la vérité, & qu'il lui ſuffiſoit de trouver une victime quelconque, ſur laquelle elle pût décharger ſa colère. Vous la calomniez, me dit ici Monſieur le Préſident. Son intention a été de prévenir la ſubornation des témoins, qu'on doit toujours craindre de la part d'un accuſé : car à quoi n'eſt pas capable de le porter la vue d'un danger imminent, & le deſir de conſerver ſa vie? Dites plutôt, lui répondis-je, que nous ſuivons cet uſage, parce que tel eſt celui de l'inquiſition. La crainte de la ſubornation des témoins eſt un prétexte qu'on y a cherché dans la ſuite. Mais c'eſt un prétexte bien miſérable. Si l'on redoute tant la ſubornation de la part de l'accuſé, pourquoi ne pas la craindre auſſi de celle de l'accuſateur? Croyez-vous que la haine, l'animoſité, la rage de la vengeance ne ſoient pas auſſi actives & entreprenantes que le ſoin de ſa propre conſervation? Ce n'eſt pas tout que d'avoir le deſſein de ſuborner des témoins ; il faut en avoir encore la facilité & les moyens. Or, qui ſera plus ſéduiſant pour eux, ou de l'accuſateur, qui a l'air d'être le puiſſant, & qui quelquefois eſt l'oppreſſeur ; ou de l'accuſé, plongé ſouvent au fond d'un cachot? Trouvera-t-il beaucoup de gens qui ſoient tentés de venir partager ſon ſort? De quoi la plupart du tems leur payeroit-il un ſi grand ſacrifice ?

Les conſéquences néceſſaires, & même journalières de cet uſage tyrannique, font que l'accuſateur ramaſſe tous les fripons d'un pays pour en former ſa preuve. Parmi même les témoins honnêtes & inacceſſibles à la ſéduction, il a ſoin de ne choiſir que ceux qui, de pluſieurs circonſtances d'un fait, ne ſeront inſtruits que de celles qui lui ſont favorables. Il laiſſe à l'écart ceux qui pourroient parler en faveur de l'accuſé. C'eſt ainſi que la juſtice aide l'impoſture à la tromper. Le malheureux accuſé, témoin de tout ce manège, eſt dans l'impuiſſance de pouvoir l'empêcher.

Mais le dernier degré d'injuſtice à ſon égard eſt de l'avoir privé de l'aſſiſtance d'un conſeil, qu'on ne lui refuſe pas même à l'inquiſition. Il faut qu'un homme, une femme, un mineur ſouvent illitérés, ſimples, ignorans, marchent d'eux-mêmes au milieu du labyrinthe le plus difficile qu'ait forgé l'imagination humaine. Combien la loi romaine étoit plus juſte! L'accuſé étoit admis dans tous les tems à ſe défendre. On lui donnoit toutes les facilités poſſibles pour ſe juſtifier. Lorſqu'il n'avoit point de conſeil, le juge lui-même lui en donnoit un dans tous les tribunaux de l'Europe, excepté dans les nôtres. Il y a un juriſconſulte chargé ſpécialement de veiller à la défenſe des accuſés qui ſont hors d'état de ſe procurer un conſeil. C'eſt à l'époque de la renaiſſance des lettres; c'eſt dans le ſiècle ſi renommé de Louis XIV, qu'on a reſtreint, qu'on a anéanti les droits de la défenſe naturelle. Mais, me dit alors Mr. le Préſident, vous êtes encore ici dans l'erreur. En matière de grand criminel, de quelle utilité un avocat peut-il être? L'accuſé ne ſait-il pas ce qu'il a fait ou n'a pas fait, auſſi certainement que le témoin ſait ce qu'il a vu ou ce qu'il a entendu ? Il s'agit d'avouer ou de nier ce fait ; de prouver que le crime a été commis par un autre, ou que l'accusé n'a pu le commettre. Pour répondre sur un fait si simple, un conseil est inutile. Si on l'admettoit dans toutes les affaires criminelles, que de nullités créées pour la défense de l'accusé ! Que de reproches entassés pour écarter les témoins ! Que d'impostures accumulées pour faire illusion ! La preuve du crime s'évanouiroit au milieu des formalités prescrites pour préparer le jugement. A la bonne heure, lui dis-je, qu'il ne s'agisse le plus souvent dans les procès criminels que d'un fait unique, qu'il ne faut qu'avouer ou nier. S'agit-il d'autre chose dans la plupart des affaires civiles ; cependant prive-t-on les parties de faire valoir toutes leurs raisons? Mais ce fait unique est presque toujours accompagné de circonstances qui exigent nécessairement le secours d'un conseil. La plupart des accusés sont-ils en état de savoir quand il faut demander des lettres de remission, s'inscrire en faux, donner plainte de la subornation des témoins, & proposer des faits justificatifs? C'est principalement dans les différens actes de la procédure que l'assistance d'un conseil est d'une nécessité évidente. Comment des accusés illitérés, ignorans, s'appercevront-ils, si à l'interrogatoire on rédige fidèlement leurs réponses ; si on observe exactement les formalités prescrites par la loi ? Combien d'accusés pourroient dire comme ceux de Chaumont : *ils ont écrit ce qu'ils ont voulu.* A la confrontation, connoîtront-ils bien le moment propre pour proposer leurs reproches ? Dans la lecture rapide qu'on leur fera de la déposition des témoins, pourront-ils bien saisir les faits sur lesquels ils doivent les interpeller ? Enfin, qui peut mieux que l'accusé ou son conseil s'assurer que toutes les formalités prescrites par la loi ont été exactement observées dans le cours de la procédure ? Un conseil obligera peut-être d'entrer dans un examen plus minutieux. Mais peut-il y en avoir de tel quand il s'agit de la liberté, de l'honneur, de la vie. Et M. le Président de Lamoignon en convenant, " que quelquefois le conseil sert pour éluder la justice, à tirer le procès en longueur, & que quelques criminels ont pu, par son secours, échapper des mains des juges, & s'exempter des peines qu'ils avoient méritées ; ajoute que ce n'est point là un motif suffisant pour le retrancher, parce que, si le conseil a sauvé quelques coupables, il pourroit aussi arriver que des innocens périssent faute de conseil ; & que, comme il est impossible qu'un législateur prévoie tous les inconvéniens, il faut se règler sur les plus considérables, & aller au devant du plus grand mal, qu'aucun n'est comparable à celui de faire mourir un innocent, & qu'il vaudroit mieux absoudre mille coupables (1) ". La sagesse elle-même ne se feroit pas mieux exprimée. C'est-là la pensée de Trajan, de Marc-Aurèle, que la belle ame de Mr. de Lamoignon étoit digne d'avoir imaginée.

Avant de terminer cet article, je dois, Monsieur, vous rappeler que nous avons vu, il n'y a pas long-tems, un grand Prince, ou, pour mieux dire, son chancelier, choqué des longueurs & des difficultés souvent déplacées que les conseils font naître, dans les affaires civiles même, les avoit abrogés, & s'en rapportoit pour la défense des parties à la religion & aux

(1) *Proc. verb. 1670. page 162.*

lumières des juges. Cette innovation excita un soulèvement général. Il fallut bientôt rétablir les avocats sous un nom différent. Je crois avoir vu chez vous la collection du Journal encyclopédique. Vous trouverez dans la première quinzaine de mai 1786, des réflexions sur cette réforme de la justice dans les états Prussiens. Voyez entre autres ce passage. " La forme inquisitionnelle généralisée, & les avocats abrogés dans le nouveau code, y décèlent des principes destructeurs de la liberté civile. Après avoir rapporté des dispositions de l'ordonnance, qui sont autant d'infractions à cette liberté, puisqu'elles interdisent la défense des parties aux jurisconsultes. L'auteur prouve évidemment, que ce n'est pas assez qu'on ait des loix & qu'on les tienne en dépôt & dans des volumes; que leur étude & leur connoissance demandent des hommes qui en fassent l'objet particulier de leurs méditations, qui soient comme la loi vivante pour les autres citoyens (1) ". Et cet autre. " On a vivement senti qu'une procédure, établissant comme principe la

(1) Page 413.

nullité de la défense des parties, supposoit par-là même dans la personne du juge & de ses assesseurs, une perfection & une intégrité tellement absolues, qu'elles peuvent passer pour chimériques dans notre monde sublunaire, & que, choquer par-là les notions les plus communes, ne pouvoit pas mériter le titre d'amélioration (1)".

Mais comment, reprit Mr. le Président, l'ordonnance s'en étant remise au devoir & à la religion des juges, pour examiner avant le jugement, s'il n'y a point de nullité dans la procédure, pourriez-vous croire que cette obligation ne fasse aucune impression sur leur esprit, & qu'un conseil pour l'intérêt de son client seroit plus attentif, plus clairvoyant que des juges qui ne considèrent que l'intérêt de la société ? C'est précisément, lui répondis-je, parce que les magistrats s'occupent essentiellement de l'intérêt de la société ; qu'il faudroit qu'il y eût quelqu'un qui s'occupât spécialement de celui de l'accusé. Personne n'est plus soigneux pour sa défense que

(1) *Page* 417.

ſoi-même. D'ailleurs, dire que les juges examineront avant le jugement ſi toutes les formalités ont été obſervées, c'eſt répondre imparfaitement à la difficulté; puiſqu'une procédure, revêtue de toutes les formalités extérieures, preſcrites par l'ordonnance, pourroit être encore très-injuſte & très-oppreſſive. Car, Monſieur, remarquez bien ce que ſont la plupart de nos formes. Preſque tous les juges ſe contentent de faire écrire qu'ils les ont obſervées, ſans prendre la peine de le faire. Un juge eſt obligé de cotter, de parafer, & de ſigner chaque page des procédures. Mais cela l'empêchera-t-il de prévariquer, s'il le veut, de ſéduire les témoins, de s'abandonner aux emportemens de ſes paſſions? L'obſervation de ces formalités, qui n'eſt pas bien difficile, n'eſt ſouvent qu'un appui pour l'oppreſſion. La procédure qui eſt régulière pour la forme, fût-elle l'ouvrage de la malice & de la méchanceté la plus noire, eſt à l'abri de toute atteinte. Avant l'ordonnance de 1670, des ſergens, des notaires prenoient les informations. "Il n'y a ſi homme de bien, dit le praticien Imbert, qui ne ſoit mis en peine & en danger par ces ſergens

& notaires. Il y en a de si méchans, qui demanderont à celui qui fait faire l'information, s'il veut avoir prise de corps ou ajournement personnel ; & font l'information grasse ou maigre, selon le desir de la partie, & non pas selon que les témoins véritablement disent (1) ". L'ordonnance, à la vérité, voulut que dorénavant les juges seuls pussent prendre les informations. Mais les baillis de village, qui ont non-seulement le droit d'informer, mais encore celui de décréter, que n'avoient point les notaires & les sergens, sont-ils autre chose que des notaires ou des praticiens ? Ont-ils souvent plus de délicatesse ou de lumières que les sergens ? Je vous citerai, Monsieur, si vous voulez, des exemples bien récens, & qui sont arrivés très-près de nous, d'une prévarication pareille à celle dont parle Imbert, & qui a été commise, non par un notaire ou un sergent, mais bien par un gradué.

Que peuvent dans cet état des choses faire les Cours souveraines elles-mêmes ? On leur présente le tableau de la procédure

(1) *Pratique civile & criminelle. Liv.* 3. *chap.* 13. *n°.* 13.

tel qu'il a été dreſſé par le juge d'inſtruction. Elles ne ſavent du procès que ce qu'elles y en apprennent. Elles n'en doivent même ſavoir que cela. Toute leur religion & leur conſcience, comme dit Ayrault, eſt fondée ſur du papier peut-être faux, peut-être défectueux, peut-être mal-groſſoyé. Car, Monſieur, un abus d'autant plus inconcevable de notre forme de procéder, qu'il eſt autoriſé par des loix expreſſes, c'eſt que l'on ne porte jamais au greffe des Cours ſouveraines la minute du procès, mais ſeulement une groſſe. Les juges ſupérieurs ne peuvent jamais s'aſſurer de cette manière, ſi beaucoup de formalités preſcrites par la loi ont été obſervées. Une infinité de prévarications, que l'inſpection ſeule de la minute leur dévoileroit, leur échappent encore. D'ailleurs, la groſſe qu'on leur porte n'eſt jamais collationnée. Rien n'eſt garant de ſon exactitude. Ne peut-il pas arriver cependant qu'un copiſte, ou par négligence ou par malice, tronque, ajoute, retranche aux dépoſitions des témoins, aux défenſes des accuſés, à la confrontation ? Quand les témoins & les accuſés ſont illitérés, ce qui eſt l'ordinaire dans les petits lieux, un juge d'accord avec ſon greffier pourroit refaire une procédure en entier, & y inférer ce qu'ils voudroient. Ce qu'il y a de certain, c'eſt qu'il eſt rare que, lors du jugement, on ne refaſſe beaucoup de pièces ſans la participation de l'accuſé, lorſqu'il s'y rencontre quelque vice de forme. Que de paſſions ſubalternes les Cours ſouveraines ſervent ſouvent, en croyant de rendre la juſtice? Qui plus qu'elles auroit intérêt à l'abolition des abus de notre procédure criminelle? Elles jugent les accuſés preſque ſans les voir ou ſans les entendre. L'interrogatoire ſur la ſellette n'eſt en quelque ſorte que de forme. On ne l'écrit pas la plupart du tems.

Tel eſt, Monſieur, notre procédure criminelle; ce chef-d'œuvre, ce dernier effort de l'eſprit humain, en matière de légiſlation. Toujours occupée de pourſuivre le crime, elle ne penſe jamais à l'innocence. Elle a tellement infecté de ſes principes l'eſprit de nos criminaliſtes, qu'accuſé & coupable ſont preſque ſynonimes dans leur langage. Vous ne rendez pas aſſez de juſtice à la loi, répartit Mr. le Préſident; il eſt vrai qu'elle s'eſt occupée de la punition du crime; c'eſt-là le principal objet d'une ordonnance criminelle ; mais elle a par fois songé à l'innocence. N'a-t-elle pas dit que la déposition des témoins décédés avant le recolement sera rejetée, lors de la visite du procès, à moins qu'elle n'aille à la décharge de l'accusé (1)? Ne veut-elle pas qu'en cas de partage entre la vie & la mort, entre l'absolution & la condamnation, l'accusé soit renvoyé absous? Que tous les jugemens définitifs ou d'instruction passent toujours de l'avis le plus doux, si le plus sévère ne prévaut de deux voix (2)? Enfin ne permet-elle pas à l'accusé, pour prouver sa justification, de produire en témoins ses parens, ses amis, tous ceux en un mot qui dans d'autres circonstances ne seroient point admis? Oserez-vous soutenir après cela, que la loi ne s'est jamais occupée de l'innocence ?

C'est donc là, lui dis-je, tout ce que vous avez trouvé de favorable ou de juste envers l'accusé, dans l'immense recueil de nos loix pénales. Le recolement & la confrontation ont été établis en faveur de l'accusé. Ce n'est donc point une grace

---

(1) 1670 ; *tit. XVII. art.* 21.
(2) *Ibid. tit. XXV. art.* 11.

qu'on lui fait lorsqu'on lit la déposition d'un témoin choisi par l'accusateur, qui va à sa décharge, quoique non recolé & confronté. Que trouvez-vous encore d'extraordinaire à la loi qui, sur sept juges, exige qu'il y en ait au moins cinq pour le jugement le plus sévère; qui dans le partage d'opinions, le décide pour l'absolution? Quel foible retour vers l'humanité! Quand de sept personnes qui examinent un fait, la moitié, ou à-peu-près, est encore incertaine sur son existence, il faut que la preuve n'en soit pas trop claire. Quel est le tyran assez impitoyable pour oser, dans un tel cas, se décider pour l'affirmative?

Quant à la loi qui permet aux accusés de faire entendre ses plus proches parens en témoignage, quand il s'agit de prouver sa justification, elle n'existe nulle part. M. d'Aguesseau ne la connoissoit sans doute pas, quand il disoit que les dépositions des parens & des alliés des accusés, ne devoient être reçues, ni quand elles vont à leur conviction, ni quand elles vont à leur justification (1). C'est peut-être là une opinion de quelques criminalistes toujours

(1) *Tome* 8, *lettre* 125.

extrêmes en tour. Ce feroit une opinion très-injufte ; parce qu'il faut que l'accufateur ait le droit de reprocher les témoins de l'accufé, comme celui-ci ceux de l'accufateur. D'ailleurs, quand nous traiterons des faits juftificatifs, je me flatte de vous faire voir que par les reftrictions que l'on a mifes à la juftification des accufés, ils font rarement dans le cas de faire ufage d'une faculté qu'on ne voudroit leur attribuer que pour difculper un peu nos loix de leur extrême dureté à leur égard.

Mr. le préfident étoit confondu. Il ne favoit plus comment s'y prendre pour continuer l'apologie de nos loix criminelles qu'il avoit entreprife. Forcé de convenir enfin qu'elles étoient bien dures & bien févères ; convenez auffi, me dit il, de votre côté, qu'on les adoucit beaucoup dans la pratique. Le fecret de la procédure n'en eft prefque pas un. Il y a très peu d'accufés qui n'aient les moyens de s'en procurer la connoiffance. Dans les procès qui concernent certaines claffes de citoyens, le juge qui inftruit n'eft jamais feul. Tels font ceux des Princes & des Pairs, des Magiftrats des Cours fouveraines, & particulièrement des Parlemens ;

enfin

enfin des prêtres & des militaires. Les premiers sont jugés par la Cour des Pairs ; les seconds, par tout leur corps assemblé. L'instruction de leur procès se fait par des commissaires, au moins au nombre de deux. Quant à ceux des ecclésiastiques ou des militaires, le juge est obligé de se joindre à l'official, ou d'appeler un officier à l'instruction. L'un & l'autre sont là comme les défenseurs nés de l'accusé, membre de leur corps. On ne doit plus craindre pour lui aucun des inconvéniens qui vous ont paru être attachés à une instruction faite par un juge seul.

Je conviens, lui répondis-je, qu'il n'y a point de secret en général si mal gardé que celui de la procédure. C'est la douceur de nos mœurs, qui surmonte en cela la dureté de la loi. Le dépôt passe successivement entre les mains du juge, du procureur du roi & du greffier. Du tribunal de première instance, il est transporté dans celui d'appel. Il seroit difficile qu'un secret confié à tant de gens n'échappât de quelque côté. Mais l'usage de le violer, qu'on prétend si général, & qu'on tolère sans doute, ne seroit alors que la condamnation de la loi qui l'ordonne, & qui a eu la simplicité de le regarder comme la garde la plus fidèle de la vérité. Il y a plus. C'est encore ici un moyen de véxation entre les mains d'un juge prévaricateur. Veut-il traiter rigoureusement un accusé, il exécute en plein la loi à son égard. La procédure lui est soigneusement cachée. Veut-il le favoriser, il lui en donne connoissance. J'ai vu, il n'y a pas bien long-tems, une procédure rester pendant plusieurs jours à la disposition d'un accusateur, tandis que tout accès en étoit interdit à l'accusé. Enfin, cette violation de la loi se paye toujours au moins au greffier, & tous les accusés ne sont pas en état de l'acheter.

Quant aux distinctions établies en faveur de certaines classes privilégiées de la société, elles ne font que montrer encore mieux, selon moi, l'injustice & la partialité de nos loix. Je suis loin de vouloir censurer les prérogatives d'aucun corps. Elles sont nécessaires dans tous les états, & sur-tout dans les monarchies. Mais ces prérogatives ne peuvent jamais s'étendre jusques à ce qui touche à la sûreté personnelle des citoyens. Il ne peut y avoir sur cet objet de distinction juste entre un prince lui-même & un laboureur. Pourquoi toutes ces précautions dans les causes des Princes, des Pairs, des Magistrats des cours souveraines, des prêtres & des militaires, & tant de négligence pour tout le reste? La noblesse, les magistrats subalternes, les bourgeois, les négocians, les cultivateurs, ne sont-ils donc pas aussi citoyens? Ne sont-ils pas les sujets du Roi? N'ont-ils pas le bonheur de l'avoir aussi pour leur maître; ou pour mieux dire, pour leur père commun? Avouez, Monsieur, que la loi a fait trop pour les uns, ou trop peu pour les autres?

Mr. le président est juste, il est judicieux. La force de mes raisons l'ébranla, si elle ne le convainquit pas entièrement. Des préjugés chers & anciens ne se dissipent pas dans un instant. Rassurez-vous, me dit-il, Monsieur, nous avons un Roi qui est le plus juste des hommes. Le bonheur de tous ses sujets est le plus ardent de ses voeux. Le chef de la magistrature a toutes les lumières & toutes les vertus que son nom seul suppose. Soyez assuré qu'ils feront dans nos loix la réforme nécessaire pour concilier la sûreté des particuliers avec celle de la société. Les Parlemens eux-mêmes seconderont de tous leurs efforts, ce que la sagesse du gouvernement lui inspirera pour le bonheur public. Mais il faut des loix, il faut des magiſtrats pour les faire exécuter. Autrement l'impunité..... Qui a jamais nié, lui répondis-je vivement, qu'il ne faille des loix & des magiſtrats? La peine la plus convenable pour celui qui oſeroit dire le contraire, ſeroit d'être renfermé avec les inſenſés. Mais ſoyez bien perſuadé que c'eſt moins la rigueur des loix ou la ſévérité des peines, qui arrête efficacement les crimes, que la certitude d'un châtiment quelconque. La rigueur des loix, au lieu d'attirer à la juſtice la confiance des citoyens, en fait leur plus terrible épouvantail. L'innocent la redoute encore plus que le coupable. Comme lui il cherche d'abord à ſe dérober à ſes pourſuites. C'eſt même le premier conſeil que la prudence lui donne. Sans doute, que ſi les loix étoient moins partiales, ſi l'accuſé avoit le droit de ſe défendre, en même tems qu'on a celui de l'attaquer, l'innocence calomniée, bien loin de les regarder comme ſes ennemies, viendroit auſſi-tôt les implorer comme ſon appui. Nous allions entrer ſur cela dans des diſcuſſions concernant les *faits juſtificatifs*. Mais Mr. le Préſident m'arrêta. C'eſt aſſez, me dit-il, pour aujourd'hui. Renvoyons à un autre jour ce que vous avez à me dire ſur les *faits juſtificatifs*. Je crus m'appercevoir que, fâché en quelque ſorte d'avoir été pris au dépourvu ſur tous les autres points de notre procédure, il vouloit avoir du moins ſa revanche ſur celui-ci, en s'en inſtruiſant d'avance. Puiſque ces diſcuſſions continuent d'exciter votre curioſité, je ne manquerai pas de vous rendre compte de notre conférence ſi-tôt que nous l'aurons eue.

Je ſuis, &c.

## LETTRE VI,

### *Sur les faits justificatifs,*

Je ne manquai pas, Monsieur, de me rendre chez Mr. le Président, le jour dont nous étions convenus. Il me reçut avec beaucoup de politesse & d'amitié. Je remarquai cependant dans son maintien un air de triomphe, qui sembloit m'annoncer qu'il comptoit bien cette fois-ci de me terrasser, & de reprendre les avantages que j'avois eus sur lui dans notre dernière conférence. Avant d'entrer en matière sur les faits justificatifs, commença-t-il par me dire, permettez-moi de vous faire une observation, qui m'avoit échappé jusques à présent, & qui me paroît détruire ou du moins considérablement affoiblir tout ce que vous avez dit contre notre procédure criminelle. L'ordonnance de 1539 est celle qui l'a établie la première dans toute la France. Elle a été suivie de bien près par les ordonnances d'Orléans, de Moulins & de Blois, qui ont presque toutes pour objet la réformation de la justice, & qui toutes encore ont été faites sur les remontrances & doléances des trois états du royaume ; & dans toutes ces loix si solemnelles, où la nation demandoit pour ainsi dire justice à son souverain, on ne trouve aucune réclamation, ni contre la forme de procéder, ni contre la barbarie de l'ordonnance de François I. Eh quoi! la nation entière, assemblée pour délibérer sur ses intérêts, a été assez aveugle pour ne pas demander en cette partie la réformation d'une législation bizarre & contraire à la loi naturelle ! Je commence, lui répondis-je, par vous nier que la nation n'ait fait aucune réclamation contre la procédure introduite par l'ordonnance de 1539. Je vous ai montré ailleurs les passages du procès verbal de l'ordonnance de 1667, où il est parlé des plaintes qui furent faites lors de celle de Moulins, sur les prévarications des juges dans la confection des procès criminels. Il faut bien encore qu'aux états de Blois on se plaignît de ce que les juges, en procédant aux informations, se conformoient trop à la lettre de l'ordonnance de 1539, & rejetoient des dépositions des témoins toutes les circonstances qui tendoient à la justification de l'accusé, puisque l'ordonnance qui intervint ensuite enjoignit aux juges d'entendre les témoins à charge & à décharge, & d'informer sur la pleine vérité des faits; disposition qui, comme nous le verrons tout à l'heure, bouleverse tout le systême de l'ordonnance de 1539, & de celle de 1670, sur les faits justificatifs.

Je ne serois pas au reste surpris que la nation eût fait d'abord peu d'attention aux funestes innovations introduites par l'ordonnance de 1539. La haute noblesse n'étoit pas encore habituée à fléchir sous le joug des loix, comme elle faisoit en quelque sorte gloire d'en méconnoître l'empire; elle se soucioit fort peu de ce qu'elles renfermoient. Outre que le clergé avoit fourni le modèle de cette nouvelle procédure, il ne reconnoissoit point encore alors d'autre jurisdiction que la sienne; & ne s'allarmoit point d'un despotisme dont il étoit exempt. Le tiers état pouvoit sentir le mal, mais il en ignoroit le remède. Il n'étoit pas assez éclairé pour cela. Comment l'auroit-il été alors, puisque même aujourd'hui, malgré les progrès infinis de la raison & des lumières, peu de gens seroient encore en état de l'indiquer? Les ouvrages des jurisconsultes de ce siècle sont cependant remplis de plaintes contre les dispositions sévères de l'ordonnance de 1539. Je vous ai fait voir ce qu'en pensoit du Luc, le plus ancien compilateur des arrêts du parlement après les *Oliva*, le judicieux & savant Ayrault, le praticien Imbert. Je pourrois y en ajouter un grand nombre d'autres, & principalement l'incomparable Dumoulin. Il me suffira de vous observer encore que le parlement refusa pendant long-tems de l'enrégistrer.

Et remarquez bien, Monsieur, que la procédure n'étoit pas aussi rigide alors qu'elle l'a été depuis l'ordonnance de 1670. On donnoit des adjoints au juge qui faisoit l'instruction. On accordoit toujours un conseil à l'accusé. La preuve des faits justificatifs étoit accordée avec la plus grande facilité; ainsi que la communication de la procédure à l'avocat ou au procureur de l'accusé.

D'ailleurs, les circonstances où l'ordonnance de 1539 parut, dûrent empêcher d'en appercevoir d'abord tous les inconvéniens. Il n'y avoit presque point de police dans le royaume. Il étoit en proie à tous les désordres. L'adoption de la procédure inquiſitoriale parut ſans doute un moyen prompt & efficace de les arrêter. D'ailleurs, j'ai déjà eu l'honneur de vous l'obſerver, la juſtice alors, encore plus qu'aujourd'hui, n'étoit faite que pour les foibles & les miſérables, de la ſûreté deſquels les gouvernemens n'ont jamais été trop ſoigneux. Les guerres civiles, dont le germe remontoit juſques au règne de François I, contribuèrent auſſi à affermir la nouvelle ordonnance. La nation depuis lors, juſques preſque de nos jours, n'a été occupée que de controverſes de théologie, & nullement de politique ou de légiſlation. Ainſi, Monſieur, que ſon ſilence vrai ou prétendu ſur la procédure criminelle ne vous en impoſe point. Combien d'autres inſtitutions, ſur le compte deſquelles les opinions ne ſont cependant plus partagées, vous offriroient & une patience & un ſilence bien plus long & plus conſtant? Telle eſt, par exemple, l'inquiſition. Croyez-vous qu'on la juſtifiât bien, en alléguant que depuis ſon établiſſement les nations eſpagnoles & portugaiſes n'ont point réclamé contr'elle?

Liſez, Monſieur, ces réflexions du philoſophe Montaigne. Elles ſont bien analogues à votre obſervation. Elles vous donneront la raiſon pour laquelle les hommes portent ſouvent, ſans murmurer, les jougs les plus humilians & les plus doux. "Qui voudra bien ſe défaire de ce violent préjudice de la coutume, il trouvera pluſieurs choſes reçues d'une réſolution indubitable, qui n'ont appui qu'en la barbe chenue & rides de l'uſage qui les accompagne. Mais ce maſque arraché, rapportant les choſes à la vérité & à la raiſon, il ſentira ſon jugement comme tout bouleverſé, & remis pourtant en bien plus ſûr état. Pour exemple, je lui demanderai lors, quelle choſe peut être plus étrange, que de voir un peuple obligé à ſuivre des loix qu'il n'entendit oncques, attaché en toutes ſes affaires domeſtiques, mariages, donations, teſtamens, ventes & achats, à des règles qu'il ne peut ſavoir, n'étant écrites, ni publiées en ſa langue, & deſquelles par néceſſité il lui faille acheter l'interprétation & l'uſage (1)".

Ma réponſe démonta un peu le ton avantageux qu'avoit d'abord pris Mr. le Préſident. Elle lui fut d'un funeſte augure

(1) *Eſſai. Liv. 1, chap.* 22.

pour la ſuite. Il y auroit beaucoup à dire ſur tout cela, me répliqua-t-il; mais venons au ſujet que nous allions entamer l'autre jour. Soit, lui dis-je, & puiſque vous avez eu le tems de réflechir ſur le titre de l'ordonnance, concernant les faits juſtificatifs, voudriez-vous bien me dire d'abord, ce que c'eſt qu'un fait juſtificatif? Vous auriez peut-être ri de l'embarras où cette demande bien ſimple jeta Mr. le Préſident. Un fait juſtificatif, me dit-il, c'eſt...... L'ordonnance n'en dit rien. Je ſais bien, lui répondis-je, que l'ordonnance n'a pas pris la peine de donner des définitions. Mais enfin faut-il bien qu'elle ait entendu quelque choſe par ces mots *faits juſtificatifs*. Sans doute, répliqua-t-il, & après avoir rêvé quelques inſtans, il me dit, un fait juſtificatif eſt un fait qui juſtifie. Voilà qui va bien, lui répondis-je; de façon que, ſuivant vous & ſuivant l'ordonnance, un fait juſtificatif eſt un fait qui juſtifie, c'eſt-à-dire, qui détruit une accuſation intentée contre quelqu'un. Or, cette juſtification peut ſe faire de deux manières. D'abord, en prouvant que le délit qu'on impute à cette perſonne n'a jamais exiſté; par exemple, ſi on accuſoit quelqu'un d'en avoir tué un autre, & qu'il prouvât qu'il eſt encore vivant. Enſuite, en faiſant voir que la perſonne accuſée n'eſt point l'auteur du délit qu'on lui impute, quelque réel qu'il ſoit. Or, tous ces faits, ou toutes les circonſtances d'un fait, qui tendent ou à éteindre abſolument la preuve du crime, à en montrer la fauſſeté, à anéantir le corps de délit, qui eſt le principe & le fondement de l'accuſation; ou qui, ſans toucher à la vérité du crime, tendent à juſtifier ſeulement la perſonne de l'accuſé, tout cela eſt ce qu'on appelle des faits juſtificatifs.

Rappelons, Monſieur, les principales diſpoſitions de l'ordonnance à leur ſujet. Elle défend à tous juges d'ordonner la preuve d'aucun fait juſtificatif, ni d'entendre aucun témoin pour y parvenir qu'après la viſite du procès (1). Ces faits ſeront choiſis par les juges du nombre de ceux que l'accuſé aura articulés dans les interrogatoires & les confrontations; l'accuſé ne ſera point admis à faire preuve d'aucun autre (2). L'accuſé ſera interpelé

(1) 1670, *tit.* 28. *art.* 1.

(2) *Ibid. art.* 2.

de nommer ſur le champ les témoins par leſquels il entend les juſtifier, autrement il n'y ſera plus reçu (1). Voilà, Monſieur, les loix que l'ordonnance impoſe à l'accuſé, lorſqu'après lui avoir fermé la bouche, pendant tout le cours de l'inſtruction, elle lui permet enfin de l'ouvrir pour ſe juſtifier, & repouſſer les coups de ſon adverſaire. Toutes ces loix s'exécutent avec la plus grande rigueur, ſurtout celle qui renvoie après la viſite du procès l'admiſſion des faits juſtificatifs.

" L'ordonnance, dit Mr. d'Agueſſeau, ne diſtingue point, elle condamne par avance la témérité de toutes les diſtinctions qui pourroient diminuer ſa force & reſtreindre ſa diſpoſition. Il ne faut point chercher par de vains rafinemens, quel eſt le ſens naturel du terme de *faits juſtificatifs*; les idées les plus ſimples ſont toujours les plus ſûres; tout fait qui juſtifie eſt un fait juſtificatif. Que cette juſtification arrive, ou par la fauſſeté du crime, ou par celle de l'accuſation; que ce ſoit ou la choſe ou la perſonne qui ſoit innocente; que l'abſolution ſoit prononcée ou

(1) 1670, *tit.* 28. *art.* 4.

directement ou indirectement en faveur de l'accusé ; c'est ce qu'il importe peu d'examiner; il suffit que le fait, de quelque nature qu'il soit, puisse opérer la décharge, la libération des prétendus coupables, pour pouvoir lui donner justement le nom de fait justificatif; & dès le moment que c'est un véritable fait justificatif, la question est décidée par l'ordonnance. Ce fait, tel qu'il soit, est une défense prématurée avant le jugement du procès (1)".

J'ai cru devoir vous mettre, Monsieur, ce passage sous les yeux, parce qu'il explique d'une manière très-claire toute l'étendue que nous donnons aux mots *faits justificatifs*, & toute la rigueur de nos principes à cet égard. Mr. d'Aguesseau n'y apporte qu'une seule exception ; c'est lorsque dans l'incertitude & dans le doute de la vérité du crime, on propose un fait, qui peut la confirmer ou la détruire ; alors ce fait ne paroît plus devoir être considéré comme un fait justificatif; c'est un fait qui devient ou préalable ou essentiel à l'instruction. Il fait partie du procès (2).

---

(1) *Plaidoyer*. 51.
(2) *Ibid.*

C'eſt dans ſon premier plaidoyer dans la fameuſe affaire de la Pivardière, dont je vous ai déjà parlé ſi ſouvent, que ſe trouvent les paſſages que je viens de vous montrer. Elle fournit à Mr. d'Agueſſeau l'occaſion d'approfondir la matière des faits juſtificatifs. On n'a jamais rien dit de mieux. Ceux qui ont voulu en parler après lui ont été réduits à le copier. Avant d'aller plus avant, j'imagine qu'il ſera à propos de rappeler ici les principales circonſtances de cette affaire ſi extraordinaire, ſoit d'après les plaidoyers de Mr. d'Agueſſeau, ſoit d'après l'auteur des nouvelles cauſes célèbres. Vous y verrez l'application de la doctrine des faits juſtificatifs à une eſpèce des plus favorables, & dans laquelle on ne pouvoit former le plus léger doute pour leur admiſſion avant la viſite du procès, que par un effet du bouleverſement qu'ont cauſé nos mauvaiſes loix, dans les principes les plus évidens de la raiſon & de la juſtice.

Louis de la Pivardière, Gentilhomme d'une fortune médiocre, mais d'une naiſſance diſtinguée, avoit épouſé Marguerite de Chauvelin. Ils vivoient ordinairement dans leur château de Nerbonne, près Châtillon

Châtillon ſur Indre en Tourraine. Des méſintelligences très-fréquentes entre le mari & la femme obligeoient le ſieur de la Pivardière à paſſer la plus grande partie du tems hors de ſa maiſon. Il fut même épouſer une ſeconde femme, fille d'un huiſſier d'Auxerre, où il exerça l'état de ſon beau-père. Cela ne l'empêcha pas de reparoître quelquefois à Nerbonne. Une de ces apparitions ſe fit le 15 d'août, *1697*, le jour de la fête du pays. La Dame de la Pivardière, qui avoit ouï dire quelque choſe de l'infidélité de ſon mari, lui en fit de ſanglans reproches. Le ſieur de la Pivardière tout effrayé repart dans la nuit. Quelques jours après, le bruit ſe répand qu'il a été aſſaſſiné dans ſon château, cette nuit même, par ſon épouſe, à laquelle on donnoit pour complice le prieur de l'Abbaïe de Milerai, voiſine du château de Nerbonne, & qui paſſoit pour être l'auteur de l'eſpèce de divorce qu'il y avoit entre le mari & la femme.

Ce prieur de Milerai étoit le frère du Lieutenant-général de Châtillon ſur Indre, qui avoit eu de grandes conteſtations avec le Lieutenant particulier, au ſujet des prérogatives de leurs charges. Ce dernier crut avoir trouvé l'occasion de se venger sur le prêtre des torts qu'il prétendoit avoir reçus du Magistrat. Il commence une procédure sur les bruits qui couroient de la mort du sieur de la Pivardière, & un mois & demi après l'époque qu'on y assignoit, il se rend au château de Nerbonne, où il dresse le procès verbal d'un meurtre imaginaire. Il fait plus. Il corrompt les témoins, & entr'autres deux jeunes servantes de la maison, qui à sa sollicitation assurent avoir vu assassiner le sieur de la Pivardière. La séduction s'étend jusques sur un enfant, qui a entendu les dernières paroles de son père s'écriant : *Mon Dieu, ayez pitié de moi.* La Dame de la Pivardière & le prieur de Milerai, qui avoient été arrêtés, étoient sur le point de devenir les victimes de cet abominable complot, lorsque le sieur de la Pivardière, instruit de leur cruelle situation, vint se représenter, après avoir eu cependant la précaution de se munir d'un sauf-conduit pour se mettre à couvert des suites de sa bigamie.

Voltaire, qui a su donner une tournure si ridicule aux choses qui sembloient le moins s'y prêter, n'a pas manqué d'exercer ici son talent favori. Il fait dire à la Pivardière par les juges de la province, auxquels il se présenta, qu'ils ne vouloient pas perdre leur procédure; qu'il étoit réellement mort; & qu'il étoit un imposteur de se dire encore en vie; qu'il devoit être puni de mentir ainsi à la justice; que leurs procédures étoient plus croyables que lui. Mais ces juges avoient dans la disposition de l'ordonnance des motifs plus puissans & plus dangereux à opposer au sieur de la Pivardière. Ils lui disoient en effet, que le fait de son existence étoit un fait justificatif, dont on ne pouvoit admettre la preuve qu'après la fin de l'instruction; & lors de la visite du procès; qu'on devoit d'abord s'occuper à rechercher s'il étoit véritablement mort, & qu'ensuite on verroit s'il étoit en vie. Louis XIV renvoya cette affaire au parlement de Paris, pour en connoître en première & dernière instance. Le sieur de la Pivardière y fut dix-huit mois, pour obtenir un arrêt, *comme quoi il étoit en vie.*

Ce fut Mr. d'Aguesseau qui porta la parole pour les gens du roi. Il déploya le plus grand talent, sur-tout dans son premier Plaidoyer. Son génie s'y montre dans toute son étendue & avec toutes ses ressources. Il y a des traits d'éloquence admirables. Voyez avec quelle énergie il nous fait entendre la voix du public, qui demande avec étonnement, quelle est donc la raison qui peut interdire à un homme le droit de prouver son existence, de se faire reconnoître pour ce qu'il est, de tirer sa femme, ses amis, ses domestiques de l'injuste oppression que l'incertitude de son état leur fait souffrir depuis si long-tems. La vérité, ajoute-t-il, doit-elle demeurer captive dans une indigne servitude? La loi ne sera-t-elle puissante que pour accabler des criminels, & non pour sauver des innocens? Enfin tombera-t-on dans l'étrange absurdité d'informer sérieusement de la mort d'un homme qui demande lui-même à prouver sa vie?

Mais l'endroit où il paroît se surpasser lui-même, c'est celui-ci, où il suppose qu'une telle question eût été agitée dans le barreau d'Athènes ou de Rome, & où il dépeint l'étonnement où auroient été les grands personnages dont il étoit composé, qu'une telle question pût être susceptible de quelque doute; où il fait voir la nécessité, pour bien s'assurer de la vérité, d'envisager d'un même coup-d'œil

& dans un même point de vue l'accusation & la défense, de réunir toutes les circonstances, rassembler les différens faits, ne point diviser ce qui est indivisible, de peur qu'en voulant juger dans un tems du crime, & dans un autre de l'innocence, on ne puisse juger sainement ni de l'un ni de l'autre; que les preuves de l'accusé peuvent périr dans le tems qu'on s'applique uniquement à examiner celles de l'accusateur, & que, quand l'accusé auroit le bonheur de conserver sa preuve dans toute son intégrité, il est toujours à craindre, qu'une première impression trop vive & trop profonde ne ferme l'esprit des juges à la lumière de la vérité, & que la lenteur du contre-poison ne le rende même absolument inutile.

Les égards, l'obéissance que Mr. d'Aguesseau devoit à la loi, sur-tout en parlant devant le premier tribunal du royaume, l'obligent à donner les motifs qui ont pu nous engager à abandonner des maximes, dont la vérité paroît si évidente & si au-dessus de toute contestation. Mais que les raisons qu'il apporte pour justifier la loi, sont foibles en comparaison de celles dont il s'étoit servi pour la combattre! Il met en avant la différence des mœurs. Mais cette différence est-elle aussi grande qu'on le dit ? Que peut-elle d'ailleurs sur des choses qui tiennent aux premiers principes de la justice & de la vérité, qui doivent être les mêmes dans tous les tems & chez tous les peuples ? La nécessité du secret. Je me flatte d'avoir montré combien il est peu nécessaire. Soit, me dit Mr. le Président. Mais vous ne dites pas tout. Mr. d'Aguesseau vous observe encore que le jugement qui permettroit aux accusés de proposer leurs faits justificatifs dès le commencement de la cause, seroit pour eux une assurance d'impunité. Sous prétexte de faire leurs preuves, les accusés éluderoient indirectement celles qui peuvent les convaincre, & diminueroient la force, l'autorité & le poids des témoins qui leur seroient contraires. Sans avoir même prouvé leurs faits justificatifs, ils mettroient la justice hors d'état de prononcer & sur le crime & sur l'innocence.

Je crois, Monsieur, lui dis-je, avoir déjà répondu en partie à cette observation, en prouvant la nécessité, pour rendre une preuve complette & sûre, d'entendre les témoignages opposés. Il s'ensuivroit donc, de ce que vous dites, qu'on n'a jamais puni les coupables que chez nous ou à l'inquisition. Car par-tout ailleurs, soit parmi les anciens, soit parmi les modernes, la justification marche toujours de pair avec l'accusation. Le crime n'y est pas plus impuni que chez nous, & l'innocence y est exposée à moins de dangers. Je ne vois point encore comment l'accusé pourra faire toutes ces choses, en lui permettant de se justifier avant la fin de l'instruction, & qu'il ne le pourra pas en renvoyant sa justification après qu'elle est terminée. Avouez que cela n'est pas clair.

Quoiqu'il en soit, répliqua Mr. le Président, on ne refuse point à un accusé le droit de se justifier; on en retarde seulement l'exercice. Et c'est ce retard précisément, lui dis-je, qui peut devenir funeste à l'accusé, & lui enlever les moyens de completter sa justification. N'est-il pas vrai qu'il peut y avoir telle circonstance dans le corps du délit, que le juge négligera de constater, ou qui lui échappera; qui, si l'accusé pouvoit la faire remarquer, sera décisive pour sa justification? Y sera-t-il encore à tems, lorsqu'à la fin de l'instruction toutes les traces du délit auront disparu? Il est mille autres circonstances de cette espèce, qu'on peut saisir dans un moment, & qu'on ne retrouve plus dans un autre. Peut-être aujourd'hui l'accusé trouveroit des témoins favorables à son innocence, qui dans six mois, dans un an, dans deux, dans trois, (qui pourroit fixer le terme de l'instruction, quand elle est entre les mains d'un juge négligent!) ou ne se souviendront plus des faits, ou auront été séduits par l'accusateur, ou s'en seront allés dans des pays lointains, ou auront été enlevés par la mort. Que seroit devenue l'infortunée épouse de la Pivardière, si un évènement fatal fût venu trancher les jours de son mari, auxquels son salut & sa perte étoient attachés, pendant qu'on délibéroit sérieusement, s'il falloit lui permettre de prouver qu'il étoit en vie (1). Quel regret la justice elle-

(1) Cette permission lui fut accordée par l'arrêt, sans néanmoins arrêter l'instruction de l'accusation principale. Mr. d'Aguesseau imagina la distinction du cas, où le corps du délit ne seroit pas bien constaté, & où le fait que l'on proposeroit, serviroit à l'éclaircir. Il n'y a sûrement pas d'exemple d'une telle question chez aucun peuple ancien ou moderne.

même n'auroit-elle pas eu alors d'avoir différé d'un moment à s'instruire d'un fait qui s'offroit, pour ainsi dire, de lui-même à ses yeux, que l'on pouvoit non-seulement prouver, mais voir, mais toucher, mais sentir, & s'en convaincre par soi-même!

Et ne comptez-vous pour rien l'impression profonde que peut faire la preuve de l'accusation, la seule qu'on examine d'abord; impression que la manière dont l'instruction a été faite rend encore plus ou moins forte, plus ou moins proportionnée aux objets? Hélas! Monsieur, nous savons tous ce que sont les hommes. Une fois qu'une opinion ou un préjugé s'est emparé de leur intelligence ou de leur jugement, il n'est pas bien aisé de l'en déloger. Comment des faits justificatifs, dénués encore de toute preuve, & qui dans cet état ne paroissent que de vaines allégations, pourront-ils soutenir le parallèle avec une accusation artistement arrangée, & appuyée d'une preuve séduisante? Le juge, maître d'accorder ou de rejeter celle des faits justificatifs, ne risquera-t-il pas dans ces circonstances de la regarder comme inutile, & comme un moyen imaginé par l'accusé pour éluder ou pour éloigner sa condamnation? Voilà comment, dit Ayrault, les jugemens sont devenus arbitraires, & qu'un accusé est exposé à se voir condamner, sans qu'on ait égard ni à ses faits justificatifs, ni à ses reproches.

Combien, Monsieur, la pratique de nos pères étoit préférable. Le procès se faisoit tout en un instant, & comme en un seul tableau. La vérité pour l'une & l'autre des parties se présentoit en même tems devant les juges. On ne jugeoit point aujourd'hui de la charge, & trois ou quatre mois & même plusieurs années après, de la décharge. On ne faisoit point d'une accusation deux procès, & cela étoit bien raisonnable. Il en est d'une preuve, dit le judicieux Ayrault, comme d'une peinture ou d'une tapisserie. Pour en bien juger, il la faut voir & la déployer toute. L'ensemble produit un effet, qui se perd quand on la voit pièce à pièce.

Quelle sévérité encore, ou, pour mieux dire, quelle injustice! dans cette règle qui borne l'admission des faits justificatifs à ceux allégués par l'accusé dans ses interrogatoires ou à la confrontation! Et si le juge l'a mal interrogé? S'il n'a pas eu ſoin de faire écrire tout ce qu'il a dit à la confrontation? Si ſa mémoire troublée a oublié un fait eſſentiel, faut-il pour cela qu'il ſoit privé d'en faire la preuve? Que Dumoulin avoit bien raiſon, lorſque, pénétré d'indignation à la vue de tant d'injuſtices, il qualifioit d'impie l'auteur de cette loi atroce! Sa dureté n'eſt pas même encore épuiſée. Il faut que l'accuſé qu'on tire du cachot pour lui lire le jugement qui contient les faits choiſis par ſes juges, & dont ils veulent bien lui permettre de faire la preuve, nomme ſur le champ les témoins par leſquels il prétend les juſtifier, autrement il n'y ſera plus reçu. Mais dans l'uſage, dit-on, on lui donne un brief délai pour faire cette nomination. Quelle faveur! Ne dépend-il pas encore du juge de l'en priver? Ah, Monſieur, l'inquiſition n'a rien de pareil. J'ignore dans quelle ſource l'impitoyable Poyet avoit puiſé.

Mais vous vous éloignez, me dit Mr. le Préſident, de l'état de la queſtion. Tenez, voilà une note de M. d'Agueſſeau que vous avez paſſée, & qui me paroît contenir des réflexions très-ſenſées. C'eſt, dit-il, toujours un officier chargé du miniſtère public, qui eſt le véritable accuſateur. On informe à charge ou à décharge, pour ſavoir ſi l'accuſé eſt coupable ou innocent. Mais on n'informe que des faits, qui ſont le ſujet de l'accuſation, ſans y mêler une inſtruction ſur des faits opposés ou contraires. C'eſt préciſément là, lui répondis-je, où je voulois vous amener. Car, après vous avoir montré l'injuſtice de cette procédure, je veux vous faire voir encore combien elle eſt inconſéquente & contradictoire.

Vous me diſpenſerez de vous faire ſouvenir que l'officier chargé du miniſtère public, ſur-tout dans les juriſdictions ſubalternes, eſt un homme comme les autres, & par conſéquent ſujet à toutes les foibleſſes de ſon eſpèce. Les témoins qu'il produit ne ſont preſque jamais que ceux que lui a fourni l'accuſateur ou le dénonciateur. Ce que dit ici M. d'Agueſſeau n'eſt qu'un amas de ſophiſmes, qui prouve que les grands génies même, qui peuvent donner tant d'éclat à la vérité, ne peuvent plus rien quand il s'agit de la combattre.

Faites en effet attention, Monſieur combien l'obligation imposée aux juges d'informer à charge & à décharge, c'est-à-dire, sur l'accusation comme sur la justification de l'accusé, est contradictoire avec cette autre disposition, qui renvoie la preuve des faits justificatifs après la fin de l'instruction. Il semble que, pour se conformer exactement à cette dernière, il falloit supprimer des dépositions des témoins toutes les circonstances qui alloient à la justification de l'accusé. C'est même ce que pratiquoient certains juges, ainsi que l'atteste le commentateur Bornier, que je vous ai déjà cité. Mais si c'étoit là se conformer à l'ordonnance, c'étoit choquer les premières notions du sens commun. Aussi l'ordonnance de Blois enjoignit-elle aux juges *d'examiner les témoins sur la pleine vérité du fait dont sera question, tant pour ce qui concerne la charge que la décharge de l'accusé* (1). Celle de 1670 a une disposition semblable (2). Or, comment accorder cela avec cette défense si rigoureuse d'admettre la preuve des faits justificatifs, avant la visite du procès?

---

(1) *Art* 203.

(2) 1670. *tit.* 6. *art.* 10.

Comment! me dit Mr. le président, en recevant d'abord ce que les témoins de l'accusateur disent en faveur de l'accusé, il faut ensuite entendre les témoins de celui-ci, après la visite du procès ? Ce n'est donc plus ici, lui dis-je, qu'une pure subtilité. Dès qu'il est admis, qu'il est ordonné d'écouter ce qui va à la décharge, comme ce qui va à la charge de l'accusé, pourquoi s'en tenir aux témoins, toujours suspects, de l'accusateur, & ne pas appeler également ceux de l'accusé ? Ne peut-il pas arriver que de même que ceux du premier déposent d'une manière favorable à l'accusé, ceux de ce dernier déposent d'une manière qui lui soit défavorable & au lieu d'opérer sa justification, ne servent au contraire qu'à le convaincre. Je ne conçois pas même encore quelle a été la logique des rédacteurs de l'ordonnance. Car, dès qu'il faut informer de la pleine vérité du fait, cela entraîne nécessairement la preuve des faits justificatifs de l'accusé.

Car, Monsieur, qu'est-ce qu'un fait ? C'est une chose, une action qui a été commise; un assassinat, par exemple. Pour en connoître la pleine vérité, il ne suffit pas d'en découvrir l'auteur. Il faut encore savoir quels sont les motifs qui l'ont porté à le commettre? Si c'est de propos délibéré, ou à son corps défendant. Or, toutes ces circonstances formant la charge ou la décharge de l'accusé, opérent sa conviction ou sa justification. Ce ne sont point là des faits contradictoires & opposés, ce ne sont que les circonstances d'un même fait qu'il faut éclaircir. Tout ce que dit là Mr. d'Aguesseau est bien subtil, bien peu digne de lui. Quand on agitoit la question de savoir si la Pivardière étoit mort, ou s'il étoit en vie; que les uns disoient oui, & les autres non, c'étoit deux assertions différentes & opposées, sur un même fait. Mais il n'y avoit jamais qu'un fait unique, puisqu'il n'étoit pas possible qu'il fût mort & en vie tout ensemble. Il en est ainsi de toutes les accusations. Il est donc absurde, contradictoire même, de vouloir qu'on informe d'un côté sur la *pleine vérité du fait*, & de défendre de l'autre la preuve de la justification, qui fait nécessairement partie de la pleine vérité du fait.

Aussi, Monsieur, quand le juge chargé

de l'instruction est aussi éclairé qu'impartial, la preuve de la justification n'est jamais séparée de celle de l'accusation. J'ai vu même quelquefois, par cette méthode, un accusé convaincu par les faits même dont il vouloit se servir pour se justifier. Un assassinat avoit été commis. L'accusé, interrogé dans quel lieu il étoit pendant ce tems-là, prétendoit s'être trouvé dans un lieu assez éloigné, avec une personne qu'il nommoit. Cette personne assignée en témoin désavoue le fait, & forme ainsi un des plus violens indices contre l'accusé. Il est donc souvent aussi contraire à l'intérêt de la justice qu'à celui de l'accusé, de ne point admettre tout de suite la preuve des faits qu'il allègue pour sa justification.

La plénitude de la preuve dépend, comme vous le voyez par-là, des lumières, de l'intégrité du juge & du moral de son caractère. Il peut l'étendre ou la resserrer à sa volonté. La loi lui en donne également le moyen. S'il veut favoriser l'accusé, autorisé par l'ordonnance, qui veut qu'il informe sur la pleine vérité du fait, il fera appeler tous les témoins, même ceux qu'il saura devoir parler le plus avantageusement pour

lui.

lui. Si au contraire il veut lui nuire, ou du moins retarder sa justification, & la rendre ainsi plus difficile, autorisé encore par la loi qui en renvoie la preuve après celle de l'accusation, il écartera tous les témoins qui iront à sa décharge.

Tel est, Monsieur, l'étrange labyrinthe où nous nous trouvons, pour nous être écartés du droit chemin de la vérité, de celui qu'ont suivi constamment tous les peuples policés, pour avoir voulu diviser ce que la raison montre être indivisible, savoir l'attaque & la défense. Mr. le président fut presque converti ici; sans tomber d'accord, me dit-il, de tous vos principes, vous m'avez cependant éclairé sur plusieurs abus dont je ne m'étois pas encore avisé. Un des grands fruits que je retirerai de mes conférences avec vous, sera de redoubler d'attention toutes les fois que j'aurai à prononcer sur le sort d'un de mes semblables; & de tâcher de remplir dans toute son étendue l'importante obligation que la loi nous a imposée, en se reposant sur le devoir & la religion des juges, de la défense des accusés. Il me promit même encore, que si jamais l'occasion s'en présentoit, il se serviroit de tout le crédit qu'il avoit dans son corps pour l'engager à solliciter auprès du gouvernement une réformation dans nos loix criminelles, dont la nécessité sur plusieurs points ne lui paroissoit plus problématique. Nous nous quittâmes de cette façon; & après vous avoir rendu compte de nos entretiens, vous me permettrez de vous quitter aussi.

J'ai l'honneur d'être, &c.

---

## LETTRE VII.

*Sur les moyens de remédier aux abus de notre procédure criminelle.*

J'AI beau vouloir m'échapper, Monsieur, vous ne me tenez point quitte encore. Après vous avoir exposé l'origine de notre procédure criminelle, vous avoir fait connoître les abus auxquels elle donne lieu, & qu'il est plus aisé d'imaginer que de décrire, vous me demandez encore s'ils sont irrémédiables, & s'il n'y auroit pas moyen d'y apporter quelque tempérament; enfin, si cette entreprise présente assez de difficultés pour excuser le gouvernement d'avoir tardé de s'en occuper jusques à présent. Non, Monsieur, nos maux ne sont pas sans remède. Combien d'autres états de l'Europe ont su déjà en apporter à ceux de cette espèce ? Ce sont nos écrivains qui les leur ont indiqués. Nous seuls n'avons su profiter de la lumière que le flambeau de la philosophie a fait briller au milieu de nous. Hélas, Monsieur ! le tyran Poyet n'eut besoin que d'un instant pour détruire les formes sacrées de nos pères, qui tenoient à nos mœurs, à la liberté publique, à la constitution même de sa monarchie ! Et quand il s'agit de rompre des fers humilians qui ont à peine deux siècles d'existence, nous hésitons, nous balançons, nous tremblons même. N'y aura-t-il jamais d'obstacle que quand il s'agira de faire le bien ?

Dans d'autres tems on auroit pu soupçonner le gouvernement d'entretenir à dessein ce despotisme subalterne, parce qu'il accoutume & fait endurer plus facilement le despotisme supérieur. C'est par de tels moyens qu'on attaque souvent avec succès les droits & les prérogatives nationales. Quand Ferdinand & Isabelle permirent en Espagne l'établissement de l'inquisition, la plupart ne virent en cela que l'effet aveugle d'un zèle religieux. Mais les politiques y apperçurent le dessein d'anéantir avec son secours les restes de l'ancienne constitution gothique, & les privilèges de la nation, qui modifioient l'exercice de l'autorité royale. C'est du poids énorme de l'inquisition qu'ils écrasèrent la liberté publique. Ce n'est pas là le seul exemple, où les despotismes ecclésiastiques & civils, lassés de se déchirer entr'eux, se sont accordés pour opprimer les peuples de concert, & s'en partager la dépouille.

Le gouvernement actuel est assurément très-éloigné d'avoir de telles vues. Elles seroient d'ailleurs fort inutiles. La nation est tellement façonnée à l'obéissance, & porte si volontiers le joug de ses maîtres, qu'il ne seroit pas raisonnable d'exiger d'elle plus de docilité. Le despotisme subalterne ne peut donc qu'être funeste aux particuliers, sans que le gouvernement en retire aucun avantage. On doit donc espérer de sa sagesse, qu'après avoir pourvu à d'autres abus importans, il s'occupera aussi de ceux de la justice, dont l'influence eſt encore peut-être plus grande ſur le bonheur public. Le cœur de Louis XVI nous en répond.

Mais en réformant la juſtice criminelle, il ne faudroit peut-être pas s'occuper uniquement des formes, comme on a fait juſques à préſent : car ſa défectuoſité parmi nous ne vient pas ſeulement d'avoir des formes oppreſſives, mais encore de n'avoir aucun principe ſur la vraie nature des délits & des peines & l'exacte proportion qu'il doit y avoir entr'eux. Tout y eſt preſqu'arbitraire à cet égard. Des peines atroces y ſont ſouvent appliquées à des délits d'une nature bien différente.

Une obſervation, que je ne dois pas oublier, c'eſt que les peines douces d'abord comme nos mœurs, ſont devenues plus rigoureuſes, à l'époque même où les formes de la procédure devinrent plus ſévères. Juſques au règne de François I on ne connut d'autre ſupplice, pour les délits même les plus grands, que celui de la corde. Ce fut ſous ce prince qu'on introduiſit l'affreux ſupplice de la roue. Et ce qui vous donnera une idée tout-à-fait juſte de l'eſprit législatif de ce ſiècle, c'eſt que ce ſupplice fut établi d'abord pour les voleurs de grand chemin. Ce ne fut que ſous Henri II qu'on l'étendit aux aſſaſſinats de guet à pens : de façon que pendant pluſieurs années on punit de la roue le vol de grand chemin; tandis que le coupable d'un aſſaſſinat n'étoit que pendu. Depuis qu'on a appliqué ce cruel ſupplice à pluſieurs autres délits encore, tel que le vol avec violence ou avec effraction, nos mœurs n'en ſont pas devenues meilleures. On a volé & aſſaſſiné tout comme auparavant; preuve que ni la rigueur des ſupplices, ni celle des formes, ne ſont pas toujours des moyens efficaces pour prévenir les crimes.

La baze d'un bon code criminel devroit porter d'abord ſur une connoiſſance profonde de la nature des crimes, & une proportion exacte entr'eux & les peines. Cette connoiſſance ſeroit tirée de la nature même des choſes. On ne confondroit pas les foibleſſes avec les délits; ce qui ſeroit l'effet de la fragilité de l'âge, peut-être du beſoin impérieux, avec ce qui partiroit d'une malice conſommée. Les peines ſeroient conformes à nos mœurs, analogues à l'état des perſonnes. Chez une nation où il y a preſqu'autant de biens d'opinion que de biens réels, il y auroit une infinité de privations, c'est-à-dire, autant de peines à faire essuyer, qui, sans être révoltantes par leur atrocité, n'en seroient pas moins de très-puissans freins, pour contenir chacun dans son devoir. La peine de mort subsisteroit, mais seulement pour l'assassinat. Cette peine perd toute sa force dès qu'elle est prodiguée. Pour les autres délits, il faudroit se borner à des peines corporelles, tels que les travaux publics à vie ou à tems; ou à des peines infamantes, suivant l'état, la fortune, la condition des coupables. La transportation qu'on substitueroit au bannissement, peine très-ridicule, sur-tout à l'égard des gens du peuple, seroit très-bien appliquée contre ceux, qui, sans être parvenus au dernier degré de corruption, laisseroient l'espoir de pouvoir être ramenés à une vie plus réglée. On pourroit tirer encore quelque parti d'eux, dans tant d'établissemens que nous avons sur les côtes d'Afrique ou en Amérique. Vous savez, Monsieur, combien cette peine est en usage en Angleterre, dans ce pays où l'on a su si bien combiner les loix pénales. Enfin, aujourd'hui que les idées de commerce sont si étendues, ne pourroit-on pas en établir une nouvelle branche, en échangeant ou en vendant en Barbarie ou en Turquie les criminels dont on voudroit absolument se débarrasser. Les esclaves que l'on délivreroit en échange, ou le prix qu'on en retireroit, indemniseroient la société du dommage qu'ils lui auroient causé. Ce genre d'exportation ne seroit pas le moins avantageux à l'état. Ne croyez pas, Monsieur, que le travail qu'exigeroit la réforme de nos loix, que je viens de vous indiquer, fût bien immense. Je vous en montrerai quand vous voudrez une esquisse.

Quant à la forme, je ne balancerois pas, ce me semble, à rétablir l'ancienne, suivant laquelle toutes les procédures se faisoient publiquement. Cependant, si l'on croyoit que ce rétablissement pût avoir des inconvéniens, & qu'il y a des crimes qui exigent au moins en commençant une instruction secrète, je ferois alors une distinction qui me paroît être dans l'esprit de la procédure actuelle, mais dont on s'écarte beaucoup dans la pratique. Je distinguerois donc les délits qui peuvent mériter une peine corporelle, d'avec ceux contre lesquels on ne peut infliger qu'une peine pécuniaire ou infamante. Pour ceux-ci, l'instruction se feroit toujours publiquement. L'accusateur & l'accusé comparoîtroient devant les tribunaux, où le premier exposeroit sa plainte en la présence du second. Peut-être celui-ci avoueroit-il d'abord, & se soumettroit-il à la peine fixée par la loi. Le procès seroit fini dans peu de tems. S'il dénioit, les parties produiroient respectivement leurs témoins, qui seroient aussi ouïs publiquement en la forme de nos enquêtes sommaires. C'étoit-là notre ancienne procédure, avant l'ordonnance de François I, de 1539. Presque tous les procès de cette espèce se terminoient sans appel.

Pour ne pas donner aux coupables les moyens de se dérober aux poursuites de la justice, quand il s'agiroit d'une accusation plus grave, on informeroit d'abord secrettement. Mais si l'accusé venoit à se représenter, ou bien à être arrêté, il faudroit dans l'un & l'autre cas commencer par lui donner une copie de l'accusation ou de la plainte, & par le confronter avec l'accusateur ou le plaignant; on ouïroit ensuite en sa présence tous les témoins, tant ceux qui auroient déjà été produits, que ceux qui le feroient encore. La dépofition des premiers, faite hors la préfence de l'accufé ; feroit comme non avenue. L'accufé interrogeroit l'accufateur & les témoins, & leur feroit toutes les queftions & les interpellations qu'il jugeroit à propos. Il auroit auffi le droit de produire des témoins de fon côté, comme nous l'avons dit ci-deffus. Par ce moyen la plupart des témoins, au lieu de comparoître jufques à trois fois pour l'information, le recolement & la confrontation, ne comparoîtroient fouvent qu'une feule. La preuve ne feroit point difperfée dans trois cahiers différens. Il ne faudroit pas voir féparément celui des informations, enfuite celui du recolement, enfin celui de la confrontation. L'attention la plus pénible fe perd ou s'embrouille dans ce fatras de papiers ; & la preuve ne peut qu'en être confidérablement altérée. Le juge eft obligé d'en raffembler les membres épars, dont quelques-uns même peuvent lui échapper ; & cela indépendamment de tout ce que je vous ai déjà dit là-deffus, ne peut que nuire à fa force & à fon intégrité.

On abrégeroit encore par-là la durée des procédures, que ces auditions multipliées des témoins prolongent. Les dépenses qu'elles occasionnent seroient aussi considérablement diminuées. Cependant, comme l'accusé tire ses principales défenses de la confrontation, il faudroit lui laisser la liberté de conférer encore une fois avec le témoin en présence du juge, dans un brief délai fixé par la loi. C'est une des plus sages dispositions de la nouvelle ordonnance criminelle de Toscane. Elle accorde à l'accusé la faculté de conférer avec le témoin, autant qu'il le jugera nécessaire pour le bien de sa défense.

Outre les grands avantages que l'innocence & la vérité retireroient de cette forme de procéder, on verroit encore disparoître le jeu cruel des décrets de prise au corps. Ils n'auroient plus lieu que pour les peines corporelles, & qui exigent qu'on s'assure de la personne du coupable, pour pouvoir la lui infliger. Qu'est-il besoin de décréter un domicilié de prise au corps, quand l'accusation ne peut aboutir qu'à une peine infamante, ainsi que le permet l'ordonnance? Qu'arrive-t-il de-là, c'eſt que, comme la ſphère de ces peines eſt très-vague & très-incertaine, les juges ſubalternes, ſuivant que leurs caprices ou leur paſſion le leur ſuggèrent, décrètent ſouvent de priſe au corps pour des délits qui ne méritent même pas une peine de cette eſpèce? Le décrété, s'il eſt à l'aiſe, appelle du décret au parlement du reſſort, où il eſt tout de ſuite élargi. S'il ne l'eſt pas, il eſt opprimé.

L'inſtruction ne ſe feroit point en préſence d'un ſeul juge. On y appelleroit tous ceux qui doivent aſſiſter au jugement définitif. Ainſi, outre les officiers du ſiège où l'affaire s'inſtruiroit, on choiſiroit un nombre déterminé d'aſſeſſeurs, non pas parmi des gradués, mais dans toutes les claſſes honnêtes de la ſociété. On auroit ſoin qu'ils fuſſent d'une condition à-peu-près égale à celle de l'accuſé & de l'accuſateur. Cela nous rapprocheroit un peu de la procédure par jurés des Anglois, qui étoit celle de nos pères, & qui, en Angleterre, eſt regardée comme le *Palladium* de la liberté civile. Croiriez-vous, Monſieur, qu'on a eu le courage de mettre cette procédure en parallèle avec la nôtre,

& de révendiquer même la supériorité pour celle-ci?

On enferme, a-t-on dit, des jurés sans feu, sans alimens, jusques à ce qu'ils soient tous d'accord. Celui qui est doué de la plus forte complexion peut ramener tous les autres ou à la condamnation de l'innocence ou à l'absolution du crime. Qui voudroit être jugé de cette façon? Ce seroit moi. Les inconvéniens que l'on reproche à cette manière de procéder sont tout autant de chimères. Ils ne sont peut-être jamais arrivés. Quand un juré balance à se ranger de l'avis des autres, c'est qu'il est arrêté par des doutes. Leur éclaircissement sert beaucoup à celui de la vérité. La manière dont ils sont choisis exclut toute idée de prévarication ou de partialité de leur part. L'accusateur ainsi que l'accusé ont la liberté de récuser parmi ceux qu'on a d'abord proposés le nombre qu'ils veulent, sans être obligés d'en donner les motifs. Ces jurés assistent tous à l'instruction. Ils ne peuvent être trompés par une procédure mal rédigée ou mal copiée. Or chez nous l'accusé ou l'accusateur étant obligés de prouver, souvent même par écrit, leurs moyens de récuſation, il peut arriver qu'ils voyent au nombre de leurs juges le plus terrible de leurs ennemis, ſans que la loi les aide à le faire retirer.

L'accuſé auroit un conſeil lorſqu'il le demanderoit. Les mineurs, les femmes, les illitérés, en auroient toujours un. Il aſſiſteroit à tous les actes de la procédure, dont il auroit encore la communication.

De même que dans les premiers tems de la monarchie, on n'inſtruiſoit dans les petits lieux que les procès concernant les délits légers ; les plus graves, ceux ſur-tout qui demanderoient l'inſtruction extraordinaire, ſeroient portés dans les lieux plus conſidérables où il y auroit bailliage royal ou préſidial. Les préſidiaux connoîtroient en dernier reſſort de tout le petit criminel, c'eſt-à-dire, de tous les délits qui ne mériteroient point une peine corporelle, & où les autres à l'exception des cas qui leur ſont attribués aujourd'hui, ſeroient portés par appel aux parlemens pour en revoir le jugement. On ſupprimeroit les groſſes, & on porteroit les minutes. Si l'on trouvoit un inconvénient à cela, il faudroit faire une ſeconde minute dont les fraix n'excéderoient pas ceux de la groſſe.

Ce feroit toujours une perfonne de plus qui affifteroit à l'inftruction.

Dans les parlemens, le rapport feroit fait à l'audience par les gens du Roi, qui font parmi nous les vrais accufateurs. L'accufé auroit le droit de faire plaider de fon côté, & d'employer pour fa défenfe les moyens tirés tant de la forme que du fond. Il faudroit les deux tiers des voix pour la condamnation; & les juges feroient au moins au nombre de douze. On iroit aux opinions pendant trois fois, on en drefferoit un procès verbal qui feroit cacheté. Il y auroit au moins un intervalle de vingt-quatre heures entre chaque opinion. Les juges auroient par-là le tems de réflechir fur leur avis; & on leur épargneroit le cruel remord de s'être laiffés entraîner d'abord par des motifs, dont la réflexion leur découvre enfuite l'illufion. L'avis le plus doux, propofé pendant ces trois fois, prévaudroit fur les plus févères.

Voilà donc, Monfieur, la tâche que vous m'aviez impofée, remplie en entier. Je vous ai expofé toute l'étendue de nos maux; je vous en ai indiqué le remède. Les changemens que je propofe pour cela, qui rendroient nos loix dignes d'une nation telle que le peuple françois, & nous mettroient au rang des nations policées, ne feroient pas bien difficiles à opérer. Il s'en faudroit de beaucoup qu'ils excitassent, comme le prétendent les partisans des usages actuels, une commotion & un bouleversement général dans notre législation. Ils attireroient à coup sûr les applaudissemens & les bénédictions de tous les bons citoyens au prince & au ministre qui les ordonneroient. Les vœux de la nation à cet égard ne sont plus aujourd'hui équivoques. Sous un gouvernement qui met son attention à les connoître & sa gloire à les exaucer, il faut attendre avec confiance, que celui-ci ne tardera pas long-tems à l'être.

Je suis, &c.

FIN.

# TABLE DES LETTRES.

www.ingramcontent.com/pod-product-compliance
Ingram Content Group UK Ltd.
Pitfield, Milton Keynes, MK11 3LW, UK
UKHW031847260826
14628UKWH00002B/641

9 782013 537360